Julius Baumann

Volksschulen, höhere Schulen und Universitäten

Julius Baumann

Volksschulen, höhere Schulen und Universitäten

ISBN/EAN: 9783743365872

Hergestellt in Europa, USA, Kanada, Australien, Japan

Cover: Foto ©Lupo / pixelio.de

Manufactured and distributed by brebook publishing software (www.brebook.com)

Julius Baumann

Volksschulen, höhere Schulen und Universitäten

Volksschulen, höhere Schulen und Universitäten.

Wie sie heutzutage eingerichtet sein sollten

dargelegt von

Dr. Julius Baumann,

ordentlichem Professor der Philosophie und der Pädagogik an der Universität Göttingen.

Göttingen,
Vandenhoeck & Ruprecht.
1893.

Vorwort.

Unser Unterrichtswesen, niederes wie höheres und höchstes, wird nicht zur Ruhe kommen, bis es eine sichere und einheitliche Grundlage gefunden hat. Eine solche aufzuweisen und das Gebäude der verschiedenen Schulen, von der Volksschule bis zur Universität, darauf aufzuführen, ist die Aufgabe vorliegender Schrift. Die Grundlage ist keine chimärische, sie bietet sich in dem, was die letzten Jahrhunderte Sicheres und stets sich Verstärkendes erreicht haben, und von dem nicht abzusehen ist, wie die moderne Gesellschaft je davon lassen sollte. Die einzelnen Arten von Schulen sind darauf errichtet, nicht nach den Absichten und Ansichten einer besonderen Partei, sondern, wie trotz der verschiedenen und zum Theil sich bekämpfenden politischen, socialen, kirchlichen, wissenschaftlichen u. s. w. Parteien doch immer ein Gemeinsames in der Neuzeit sich nach und nach durchgesetzt hat, so ist dieses Gemeinsame, die eigentliche Stärke der modernen Civilisation, das, was bei diesem Aufbau Leitung und Richtung gegeben hat; individuellen Unterschieden wird als individuellen darum nicht der Raum entzogen, aber der Hauptraum allerdings dem Gemeinsamen vorbehalten. M. a. W.: es giebt eine moderne Bildung, nicht bloß eine intellectuelle, sondern auch eine moralische moderne Bildung; diese in verschiedenen Stufen zu übermitteln ist Aufgabe des modernen Schul- und Unterrichtswesens, ohne daß darum der besonderen Richtung der Einzelnen in Bezug auf einen letzten nicht mehr irdischen Abschluß der intellectuellen und moralischen Ansicht irgend ein Zwang angethan wird. Möge die Schrift dazu beitragen, die Unterrichtsfragen auf den Boden der Verhandlungen zurückzuführen, der ihnen und der Entwicklung unserer gesellschaftlichen Zustände allein heilsam ist.

Inhalt.

Die moderne Civilisation S. 1 bis S. 9.

Ermittlung ihrer Hauptstücke S. 1-5. Nähere Darlegung dieser Hauptstücke: 1) Vermehrung von Kraft und Wohlsein auf Grund der Naturwissenschaft S. 5-7; 2) Streben nach größerer Ausgleichung in Vertheilung der Güter S. 7; 3) ausgebreitetere Theilnahme am Staatsleben S. 7-8; 4) religiöse und wissenschaftliche Freiheit S. 8.

Die Schule als Einführung in die Elemente der modernen Civilisation S. 9 bis S. 13.

Durchschnittliche Befähigung der Menschen S. 10. Das wirklich erreichbare Ziel in Erziehung und Unterricht S. 11—13.

Die Volksschule S. 13 bis S. 35.

Ziel derselben S. 13. Oberster methodischer Grundsatz für dieselbe S. 13. Naturwissenschaftlicher Unterricht und seine Methode S. 14. Lesen, Schreiben, Rechnen nicht Selbstzweck S. 16. Zeichnen S. 17. Überschätzung der Orthographie S. 17. Handfertigkeitsunterricht S. 18. Deutsche Sprache S. 19. Geographie, Geschichte S. 19. Nationalökonomische Kenntnisse S. 20. Einige rechtliche Kenntnisse S. 21. Kenntniß der Landes- und Gemeindeverfassung S. 21. Schulgarten S. 22. Grundbegriffe von der Macht des Menschen gegenüber der Natur, von Naturgesetzen, der Erhaltung der Masse, der Verwandlung der Naturkräfte in einander S. 22 f. Moralunterricht: Art und Inhalt desselben S. 23 f. Die Selbsthülfe im Knabenalter S. 25.

Der Religionsunterricht S. 26 bis S. 33.

Das naturwüchsige religiöse Gefühl S. 26. Einschiebung: Die Bücher in der Volksschule S. 26. Historischer Abschnitt über die Religionen im Volksschullesebuch S. 27. Nach den kirchlichen Lehren ist intellectuelle und moralische Erziehung ohne offenbarte Religion möglich S. 27. Verhältniß von Offenbarung und religiösem Gefühl nach den Religiösen selber S. 28. Wissenschaftliche Wahrheit und ideale Wahrheit S. 28. Religion stets individuell S. 28-29. Pascal, La Bruyère, Schleiermacher, Kant, Guizot über Religion S. 29, 30. Das Kind und die offenbarte

Religion S. 30. Warum ein kirchlicher Religionsunterricht allgemein wünschens=
werth S. 31; aber kein Zwang dazu S. 31. Die Kirche ertheilt durch ihre Geist=
lichen den Religionsunterricht in der Volksschule, hat aber sonst keinen Einfluß
auf dieselbe S. 31-2. Besonderer Grund für Befreiung der Volksschullehrer vom
Religionsunterricht S. 32.

Warum Privatvolksschulen zuzulassen S. 34.

Die Volksschule für Mädchen S. 34.

Die thatsächlichen jetzigen Zustände der Volksschule
S. 35 bis S. 40.

Blutarmuth S. 36. Abhülfe dagegen S. 36. Die Schule wirkt nicht nach=
haltig S. 36. Wie dem zu begegnen S. 36. Die Praxis der Erwachsenen auf
dem Lande; die effective Volksmoral daselbst S. 37 f. Intellectuelle und moralische
Art der Arbeiterbevölkerung S. 39 f. Die Bedingungen höherer Volksmoral S. 40-1.

Fortbildungsschulen S. 41 bis S. 43.

Bedeutung und Einrichtung derselben S. 41. Auch volkswirthschaftlicher und
moralischer Unterricht auf ihnen S. 41 f.

Heranbildung der Volksschullehrer S. 42.

Volksschulunterricht und Elementarunterricht S. 43 bis S. 44.

Beide wesentlich gleich S. 43. Kinder niederer und höherer Stände S. 44.
Probe, ob ein Kind auf höhere Schulen paßt S. 44.

Die höheren Schulen S. 45 bis S. 93.

Allgemeine Art derselben S. 45. Handfertigkeitsunterricht auch auf ihnen
S. 45. Methode auf denselben S. 45. Verhältniß vom mathematisch=natur=
wissenschaftlichen zum sprachlich=geschichtlichen Unterricht bei uns jetzt S. 46.
Bedeutung der Sprache überhaupt S. 46 f. Sprache und Denken S. 48 f. Sprache
bei Mathematik und Naturwissenschaft S. 51. Möglichkeit einer Weltsprache für
beide und für Geschäftsverkehr S. 52. Gefühl und Phantasie an die Volkssprachen
gebunden S. 53. Begriff der Literatur S. 53. Macht derselben über die
Völker S. 54. Grund davon S. 54. Begriff von Klassisch S. 55. Literatur
und höhere Schule S. 55. Poesie und ihre Wirkung S. 55. Verschiedene Arten
der Poesie S. 56. Wirklichkeit und Poesie S. 56. Bedeutung der Geschichte S. 57.
Glaubwürdigkeit derselben S. 57 f. Die Sprache als mehrfaches Lernobject S. 60.
Bildung durch Sprache und Literatur S. 60. Formale Bildung mehrfach S. 60-1.
Verschiedene Methoden des Sprachbetriebes S. 61-2. Der deutsche Unterricht S. 62 f.
Fremde Sprachen S. 66. Die moderne Civilisation international S. 66. Der
englische Unterricht S. 66 f. Der französische Unterricht S. 69 f. Weiterführung
der wirthschaftlichen Kenntnisse S. 72 f. Religionsunterricht S. 72-3. Rechtliche und
staatliche Kenntnisse S. 74. Moralunterricht S. 74.

Lateinisch und Griechisch S. 75 bis S. 88.

Bedeutung derselben in der Renaissance S. 75. Diese Bedeutung jetzt nicht mehr S. 75. Wirkung von Übersetzungen S. 75-6. Entwicklungstheorie nicht hierher gehörig S. 76. Alterthum und moderne Civilisation in ihren Hauptpunkten verglichen S. 76 f. Geistesart der Griechen S. 79. Nähere Darlegung derselben nach ihren Rednern und Geschichtsschreibern S. 80 f. Eigenthümlichkeiten der Römer S. 82. Das den Griechen und Römern Gemeinsame S. 83. Das Unersetzliche des Alterthums S. 83. Das Mathematische, Naturwissenschaftliche und Volkswirthschaftliche muß für alle höheren Schulen gleich sein S. 84. Verschiedene Weisen das Alterthum zu erhalten: Bloß in Übersetzungen S. 84. Beibehaltung bloß des Latein S. 84. Vorschlag, Latein und Griechisch zu erhalten mit Einschränkung S. 84 f. Detaillirter Entwurf für Griechisch S. 86 f., für Lateinisch S. 87 f. Griechisch von IIIb an. Latein von IIb S. 88. Gesammtforderungen des Gymnasiums S. 88. Nicht mehr als 5 Lernstunden täglich S. 89. Maß der häuslichen Arbeiten S. 89. Dauer des Schulbesuchs S. 89. Es darf keine Überbürdung statt haben S. 89 f.

Private höhere Schulen zuzulassen und nothwendig S. 90.

Ersatz des Abiturientenexamens S. 91.

Höhere Mädchenschulen S. 91 f.

Gelehrte Berufe bei Frauen, wann und welche? S. 92.

Die Universitäten S. 93 bis S. 108.

Doppelte Aufgabe derselben S. 93. Die Eigenthümlichkeit modernen Wissens S. 93 f. Unterschied desselben von Aristoteles und Mittelalter S. 96. Modernes Wissen und technische Cultur S. 97. Wissen und moralische Cultur S. 97 f. Bedeutung der freien oder „natürlichen" Entwicklung der Kräfte S. 99 f. Streiflichter auf die Universitäten von diesen Gedanken aus S. 100 f. Moderne Wissenschaft und Medicin S. 100. Modernes Wissen und Naturwissenschaft S. 100 f. Keine principielle Trennung von Universität und technischer Hochschule S. 100. Art der Universitätsbildung der Lehrer für Naturwissenschaft auf höheren Schulen S. 101. Eigenthümlichkeit der Geisteswissenschaften S. 101 f. Abschluß hier mehr individuell S. 102. Analogie derselben mit der Kunst S. 103. Streit von Theorie und Praxis S. 103. Leichte Einseitigkeit derselben S. 103. Verschiedene Seiten derselben Disciplin S. 104 f. Die Heranbildung der künftigen Lehrer der Geisteswissenschaften S. 105. Überbürdung von den Studirenden fern zu halten S. 105 f. Bloßer gesunder Menschenverstand nicht mehr Ersatz für Wissenschaft S. 108.

Eingehendere Vorschläge für Umänderung der Universitäten S. 108 bis S. 142.

Art des Studiums noch vor 30 Jahren S. 108. Jetzt fehlt demselben die Gemüthlichkeit S. 109. Jugend in Nothwehr gegen die gesteigerten Forderungen S. 110. Ungeeignete Gegenmittel der Behörden S. 111. Die Illusion der Doctordissertationen S. 112 f. Wissenschaft auch außerhalb der Universitäten erreichbar

S. 114. Einjährigenjahr und Universität S. 114. Erstes Erforderniß: Einrichtungen für Turnen, körperliche Spiele, tägliches Baden S. 114. Fechten, Tanzen, Reiten S. 114. Analoga zur Handfertigkeitsübung S. 114. Abschaffung der Stipendien und Ersatz derselben S. 115. Umänderung des Honorarwesens S. 115. Ferien S. 115. Doctorprüfung S. 115. Staatsexamen S. 116. Art der Ämterbesetzung S. 116. Studium der Theologie S. 116. Studium des Rechtes S. 117 f. Medicinisches Studium S. 120 f. Studium der Philosophie im engeren Sinne S. 121 f. Mathematik und Naturwissenschaft S. 123 f. Universitätskurse für Lehrer im Amt S. 124. Philologische Kritik an neueren Stoffen zu lernen S. 124 f. Klassische Philologie als Wissenschaft für sich und als humanistische Pädagogik S. 128 f. Neuere Philologie als reine Wissenschaft und als neusprachliche humanistische Pädagogik S. 129. Studium der Pädagogik auf der Universität und später S. 130. Professur für Anleitung zu deutschen essays erfordert S. 130. Geschichte als Wissenschaft und als pädagogische Disciplin S. 130 f. Einstündige öffentliche wöchentliche Erklärung der Tagesereignisse durch den modernen Historiker S. 133. Einstündige wöchentliche öffentliche Vorlesung über sozialwissenschaftliche Tagesfragen S. 133. Verschiedene Arten von Professoren nöthig S. 134 f. Verschiedene Arten des akademischen Lehrens S. 135. Art des Examens S. 136 f. Vorlesung über die Kunst des Lebens und Wirkens S. 138 f.; dabei auch über deutsche Trink- und Händelsucht S. 140 f.

Verhältniß des Staates zum Schulwesen S. 142 bis S. 144.

Öffentliche und Privatschulen S. 142 f. Ein gewählter Oberunterrichtsrath nöthig S. 143. Examensbehörden S. 143. Änderungen im Erwerb der Befähigung zum Einjährigen-Dienst S. 143-4.

Die Absicht dieser Blätter ist, in großen Grundzügen vorzuführen, wie die Gesammtheit unseres Schulwesens eingerichtet werden müßte, wenn sie dem erreichten Standpunkt der ganzen Weltauffassung und Lebensbehandlung entsprechen soll. Ich sage: die Gesammtheit der Schulen eingerichtet werden müßte; denn man kann da nicht etwas Einzelnes herausreißen. Man kann nicht die Gymnasialfrage behandeln, ohne die Universitätsfrage zu besprechen; denn da die Gymnasien für die Universitäten vorbereiten sollen, so müssen immer bei ihnen auch die Anstalten ins Auge gefaßt werden, für die sie vorbereiten. Umgekehrt ist es ja nicht selten vorgekommen, daß die Universitäten sich unter dem Einfluß der Entwicklung der Wissenschaften selber umwandelten, vielleicht innerhalb eines Zeitraumes von 20 Jahren sehr anders wurden als vorher, und daß das einen großen Einfluß rückwärts auf die Gymnasien ausgeübt hat. Die sollten nun auch mitkommen, die sollten nun für die so umgewandelten Universitäten vorbereiten. Da die Gymnasiallehrer auf der Universität vorbereitet wurden, so lag es nahe, daß sie das, was sie dort gelernt hatten, unmittelbar auf die Gymnasien übertrugen, in alter und neuer Philologie, in Geschichte und Geographie, in Mathematik und Naturwissenschaft. Man kann aber auch nicht von den Gymnasien handeln, ohne sich die Frage vorzulegen, ob es nicht noch andere Anstalten geben könnte, die für die hohen Schulen vorbereiteten; auf das, was man Realschule nennt, müßte man so auch eingehen. Man kann endlich die Gymnasialfrage nicht behandeln, ohne den Elementarunterricht hereinzuziehen, der auch bei ihnen zu Grunde liegen muß, wodurch sofort die Frage entsteht: ist derselbe ein besonderer für die Gymnasien oder ist es einer und derselbe für alle Schulen der Nation? So käme die Frage des Volksschulunterrichts jedesmal mit herein. Wir werden daher von Anfang an die Gesammtheit der Schuleinrichtungen ins Auge fassen, von dem

Gesichtspunkte aus, wie dieselben gemacht werden müßten, um dem erreichten Standpunkt der Weltauffassung und Lebensbehandlung zu entsprechen.

Daß einem solchen Standpunkt der vorbereitende Schulunterricht entsprechen muß, ist allgemein zugestanden. Auf jeden Fall soll die Schule die heranwachsende Jugend tüchtig machen, in das einzutreten, was sie vorfindet. Was findet sie aber vor? was ist das Eigenthümliche heutzutage bei uns, das so festgewurzelt ist, daß es als das Festgegebene und Festbestehende muß betrachtet werden, auf dem weiter wird gebaut werden?

Damit wir das ermitteln, will ich mich einer Fiktion bedienen und annehmen, es kehre jemand wieder in unsere Welt zurück, der etwa vor 300 Jahren in derselben gelebt habe, um 1592 etwa soll er gelebt haben und jetzt 1892 wiederkehren. Worüber würde ein solcher sich besonders verwundern, als über Dinge, die zu seiner Zeit gar nicht so gewesen wären? Dazu wollen wir uns einen Schüler von heute nehmen, der etwa bis zum 14. Lebensjahr unterrichtet worden wäre, an den soll sich jener Rückgekehrte um Auskunft wenden, und wir wollen dessen Fragen ihn so beantworten lassen, wie die Fachkundigen heutzutage wünschen würden, daß ein Schüler mit 14 Jahren im Stande sei zu antworten. Später wollen wir erwägen, ob das bloß ein frommer Wunsch ist, oder ob so etwas wirklich im Großen und Ganzen erreicht werden kann.

Das, worüber er sich gewiß zunächst wundern würde, wäre etwa, was die Dampfkraft bei uns für eine Rolle spielt, und wie es zugehe, daß wir uns mit dem Dampfwagen so schnell fortbewegen. Wenn er sich darüber an den 14jährigen Knaben wendete, so würde dieser möglichst wenig mit Worten erwidern oder doch nur mit solchen Worten, die sich auf Thatsachen beziehen, welche dem Betreffenden durchaus bekannt sind, so daß er im Geiste gewissermaßen aus lauter Thatsachen sich die Erklärung zusammensetzt. So würde er ihm etwa sagen: schon zu seiner Zeit habe er wohl bemerkt, daß, wenn das im Kessel mit einem Deckel verschlossene Wasser anfange sich in Dampf zu verwandeln, der Deckel sich hebe und nach Entweichung von etwas Dampf sich wieder senke. Darauf beruhe schließlich die Dampfmaschine, daß durch Wasser, welches über Feuer in Dampf verwandelt werde, ein Kolben in die Höhe gehoben werde, und indem der Dampf sich wieder verkühle, oder Kühlung anderweit geschafft werde, sich wieder senke, und daß das regelmäßig sich so wiederhole. Indem so eine auf= und abgehende

Bewegung stattfinde, sei mit diesem Kolben etwa eine Stange verbunden, die in Folge davon auch in eine gewisse Bewegung gerathe, diese sei wieder mit anderen in Verbindung, so zwar, daß schließlich die ganze Bewegung auf Räder übertragen werde, welche den Dampfwagen in Bewegung setzten. Daß Bewegung überhaupt übertragen werden könne, das sei schon vor 300 Jahren eine geläufige Wahrheit gewesen; bei Wassermühlen finde ganz dasselbe Prinzip statt: da werde die Bewegungskraft des Wassers, die man jeden Augenblick sehen könne, die Dinge forttragen, auf die Schaufel des Rades übertragen und dadurch das Rad in Bewegung gesetzt; damit stünden denn schließlich die Mühlsteine in Verbindung, und so würden diese durch die vom Wasser auf das Rad übertragene Kraft in Bewegung gesetzt.

Wenn dann etwa dem Rückgekehrten die große Helligkeit auffiele, die Abends in unseren Städten herrscht, was damals nicht entfernt der Fall war, und die so zu entstehen scheint, daß ein Licht an eine eiserne Röhre gehalten wird, und daß dann, ohne daß man sieht, wo ein Vorrath von brennbaren Stoffen wäre, eine plötzliche Helligkeit hervorbricht —, so würde der gedachte Knabe ihm nicht direkt antworten, sondern bemerken, hier könne er ihn nicht auf Dinge hinweisen, die schon zu seiner Zeit gewesen, sondern da müsse er ihm die Sache selber vormachen. Dann würde der Knabe etwa eine Thonpfeife nehmen, den Kopf derselben mit pulverisirter Steinkohle füllen, eine Lehmschicht darauf thun und trocknen lassen, das Ganze über eine Flamme halten und erhitzen, bis aus dem offenen Ende der Pfeifenröhre ein gelber Dampf aufsteigt. An diesen würde ein Licht gebracht, worauf der Dampf brennt. Jetzt würde er ihm sagen: es ist da dasselbe, nur ungereinigt, was aus dem Lehm ausströmt und durch ein darangehaltenes Licht sich entzündet. Wenn sich der Zurückgekehrte wunderte, wie pulverisirte Steinkohlen überhaupt in Brand gerathen könnten, die ja auch bei den Locomotiven benutzt werden, so würde er ihn darauf verweisen, daß in einem Steinkohlenbergwerk man am Boden und an der Decke Spuren wahrnehme wie von Bäumen und Blättern, so daß man darauf geführt werde, daß da nur versteinerte Pflanzen vorliegen, Bäume, sehr ähnlich den Baumpflanzungen, die in tropischen Gegenden noch heute vorkommen, und selbst die Unterschicht der Steinkohlenlager sei ähnlich dem Sumpfboden in tropischen Ländern und den daselbst vorkommenden Gewächsen. Und wenn ihn dann erstaunte, daß man so annehmen müßte, die ganze Erde sei früher sehr anders beschaffen gewesen als jetzt, daß z. B. in unseren Gegenden tropische Länder gewesen seien, so würde er ihm ein Stück Kreide vorführen, das häufig dem bloßen Auge schon Reste von Muscheln, Schwämmen und Seeigeln zeigt, was zu dem Gedanken führt, daß Kreidelager einmal Meeresboden gewesen sind.

Weiter würde sich unser Rückgekehrter wundern, wenn bei einem Kauf der Käufer nicht blos Gold oder Silber für die Waare giebt, sondern statt dessen oft ein bedrucktes Stück Papier. Hierauf würde der 14jährige Knabe ihm etwa den Aufschluß geben, das sei allerdings nur ein Stück Papier, das aber als Geld genommen würde, weil der Verkäufer das Vertrauen habe, daß, wenn er zu denen gehe, welche den Schein haben drucken lassen, er jeden Augenblick Gold oder Silber in einer bestimmten Menge dafür erhalte. Heutzutage sei solches Vertrauen großen Geschäften oder Staatseinrichtungen gegenüber sehr verbreitet, und dadurch sei eine solche Anweisung, obwohl an sich blos ein Stück Papier, dem Gold und Silber gleichwerthig. Auch würde sich der Mann von vor 300 Jahren wundern, wenn ein fremder Bettler in die Wohnung käme und, falls er nicht gerade unmittelbar in Gefahr sei zu verhungern, keine Gabe erhielte, sondern vom Hausherrn an eine Stelle gewiesen würde, wo er gegen eine kleine Beschäftigung, der er sich unterziehen müsse, Nachtquartier und Essen bekäme, bis er weiter ziehe. Auf die Frage, ob es nicht mehr heilige Pflicht sei, den Armen zu geben, wäre die Antwort: heilige Pflicht sei es, dem Armen zu helfen; da es sich aber bei genauerem Nachforschen herausgestellt, daß unter 10 von solchen armen Reisenden 9 das Betteln wie ein Gewerbe treiben, so habe man, um dem entgegenzuwirken und überhaupt die Menschen, auch die armen, zur Selbständigkeit zu erheben, Almosen auf die äußersten Nothfälle beschränkt, im Übrigen sei Grundsatz, dem Betreffenden Gelegenheit zur Arbeit zu geben, um sich selbst sein Brod zu verdienen, dadurch ein ganz anderes Bewußtsein zu haben und vor der Versuchung bequemer Unthätigkeit bewahrt zu bleiben. Auch über die jetzt bei uns begonnene Altersversicherung der Arbeitenden würde der Rückgekehrte sich wundern, Bescheid erbitten und leicht erhalten.

Wenn er zufällig in einer Zeit käme, wo eben gerade Landtagswahlen wären, so würde er auch darüber wohl staunen: denn zu seiner Zeit war das Bestreben, das, was von solcher Mitwirkung bei der Regierung noch da war, von oben möglichst einzuschränken. Auch über die Menge der Theilnehmer an solchen Wahlen würde er sich wundern; denn zu seiner Zeit waren es blos das, was man die Stände nannte, also die höheren Berufsstände, der grundbesitzende Adel, die gleichfalls sehr begüterte Geistlichkeit, etwa noch die reicheren Bürger, die zu einer Mitwirkung bei der Regierung berufen waren. Daß wie bei unseren Reichstagswahlen jeder, der Landmann, der Arbeiter, von einem nicht hohen Alter an, berechtigt sei, zu wählen und selbst gewählt zu werden, wäre ihm höchst befremdlich.

Noch mehr aber würde ihn mit Staunen erfüllen, daß er so viele Kirchen fände von verschiedenen Glaubensgenossenschaften. Er würde sagen: „Zu unserer Zeit haben wir alles auf Religion gehalten und keinem Menschen Gutes zugetraut, der sich nicht zu einer Religion eifrig bekannte; aber nur sollte er unsere Religion haben, wir wollten nur eine Religion im Lande dulden." Wenn er hörte, daß die vielen Religionen friedlich neben einander existiren, daß zwar der einzelnen unverwehrt ist, sich für die allein seligmachende zu halten, daß sie sich aber enthalten müssen, in dem Streit mit einander, auch in den schriftlichen Verhandlungen desselben, solche Ausdrücke zu gebrauchen, welche die andern beleidigen, — das würde ihm als das Erstaunlichste vorkommen.

Wenn wir das Ausgeführte überblicken, so können wir sagen: dies sind die modernen Eigenthümlichkeiten, das sind die Hauptpunkte, die jemandem, der vor 300 Jahren gelebt hätte, bei uns auffallen würden und über die er Auskunft wünschen würde, die ihm ein 14 jähriger Knabe ungefähr in der obigen Weise auch recht wohl sollte geben können.

Lassen sich diese modernen Eigenthümlichkeiten, die wir mehr in der Form von Beispielen gegeben haben, auch auf einen allgemeinen Begriff bringen? Dieser allgemeine Begriff lautet: moderne Civilisation, deren Hauptpunkte folgende sind. Das Erste darin ist das stete Bestreben, die Mittel der Kraft der Einzelnen und der Gesellschaft, sowie die Mittel des Wohlseins der Einzelnen und der Gesellschaft zu vermehren. Dies ist freilich zu allen Zeiten mehr oder minder das Bestreben gewesen; das Eigenthümliche der modernen Civilisation ist, daß es in einer besonderen Weise geschieht, die man den Naturwissenschaften verdankt. Es hat sich herausgestellt, daß man die Mittel der Kraft und des Wohlseins nur vermehren kann, wenn man die dabei waltenden Naturgesetze erkennt und die Naturdinge nach ihnen behandelt. Das Eigenthümlichste dieser modernen Naturwissenschaft, was ich auch vorhin an den Beispielen anschaulich machen wollte, ist, daß alle Worte nur als Symbole der Thatsachen dienen, daß nur der Kenntnisse hat, der die Thatsachen herbeibringen und mit einander vereinigen kann, so daß aus der Vereinigung derselben ein vorhergesehener Erfolg hervorgeht. Die Naturwissenschaften betonen mit Recht, daß eine blos wörtliche Beschreibung

z. B. einer Gestalt nicht entfernt die Anschaulichkeit und Verständlichkeit habe, als wenn die Gestalt selber in Natur oder mindestens im Bilde vorgeführt werde. Mit Naturwissenschaft ist hier zunächst nichts gemeint, als daß man sich die Naturdinge genau ansieht, allerdings dabei mit der Sorgfalt und Bestimmtheit zu Werke geht, wie sie seit Langem in derselben herrscht. Was die Methode hier für einen Unterschied macht, das kann man sich an solchen Beispielen merken, daß erst im vorigen Jahrhundert Scheele nachgewiesen hat, es sei ein Irrthum, wenn man immer wieder meinte, Wasser könne zu Erde werden. Wenn man nämlich Wasser in Glasgefäßen verdampfen ließ, fand sich immer etwas Erdiges darin, also lag der Gedanke einer Verwandlung nahe; Scheele wies nach, daß die Erde, die man so fand, jedesmal von der Beschaffenheit des Glases war, also die Deutung sein müsse: das Glas hat sich unter Einwirkung der Verdampfung etwas zersetzt. Nachher hat Lavoisier diesen Nachweis noch verschärft, indem er zeigte, daß, wenn man so zu Werke geht, daß aus dem Gefäß nichts entweichen kann, dann das Wasser soviel an Gewicht zugenommen hat, wie die Glasröhre verloren. Es ist also auf doppelte Weise, qualitativ und quantitativ, erwiesen, daß die Erde nicht aus dem Wasser stammt, sondern aus dem Glasgefäße. Derartige genaue Methoden sind es, auf welchen die Naturwissenschaft und die Technik beruht, und sie sind es, welche die großen Mittel für Vermehrung von Kraft und Wohlsein geliefert haben. So sehr das die Eigenthümlichkeit moderner Zeit ist, so braucht man darum frühere Zeitalter nicht herabzusetzen. Das Mittelalter hatte viel Scharfsinn, den man wohl bewundern mag; er wurde aber theils auf Dinge gewendet, die der menschliche Verstand nie bis in das Einzelne und Letzte ergrübeln kann, oder richtete sich auf phantastische Bestrebungen, den Stein der Weisen zu finden oder eine Arznei, die für alle Krankheiten tauglich sei. Auch in Indien war von Alters her ein bewundernswürdiger Scharfsinn, aber er ist nicht auf die Bahnen gekommen, auf welchen ein wirklicher Erfolg für die Civilisation als Vermehrung der Mittel für Kraft und Wohlsein erreicht wird. Wir befinden uns auf diesen Bahnen, und so wird man auf diesen Bahnen nicht nur bleiben, sondern immer bestrebt sein, möglichst viele der lebenden Menschen auf diese Bahnen hinzuleiten. Der Unterschied der heutigen Nordamerikaner von den einst dort allein lebenden Indianern ist kurz dieser, daß die heute dort herrschenden Bewohner Naturwissenschaft haben und so im Stande sind, mit der auf derselben beruhenden Technik dem Lande fortwährend Güter abzugewinnen, welche die Indianer Mangels derselben nicht gewinnen konnten, die zudem die Gewohnheit stetiger Arbeit und andauernder Anstrengung, die zur Technik erforderlich ist, nicht in sich ausgebildet hatten. Die bloßen Naturgaben sind noch die nämlichen: der fruchtbare Boden, damals noch unverbraucht, jetzt schon der Erschöpfung zum Theil näher, die Kohlenlager, die Metallschätze in der Erde, die Gewässer. Die Indianer führten trotzdem damals ein jämmerliches Leben und waren in jedem Winter fast dem Hungertode nahe. Weil die Technik auf der Natur und ihrer Erkenntnis beruht, darum haben auch bei uns die Naturdinge die große Rolle, selbst Gefahren von Menschen treten weit zurück vor Naturvorgängen, welche die Gewinnung der Naturgüter stören. Man hat ganz mit Recht gesagt, daß der Kartoffelkäfer, wenn er auf weiten Strecken auftritt, viel mehr Angst erregt als die Furcht vor einem Kriege, und daß die Reblaus Millionen von Menschen in Noth gebracht hat, mehr als es je durch Menschenübel geschah.

Dies ist die eine Seite der Civilisation, die Vermehrung der Kraft und des Wohlseins auf Grund der Naturwissenschaft; eine andere Seite haben wir schon vorhin ganz kurz berührt, als wir darauf hinwiesen, daß man jetzt nicht mit Almosen vorübergehend, sondern in anderer Weise dauernd der Armuth abzuhelfen sucht. Das andere Merkmal moderner Civilisation ist nämlich das Bestreben, eine größere Ausgleichung in der Vertheilung der Güter hervorzubringen. Dies Bestreben hat stetig zugenommen. Sehr natürlich. Je mehr Güter hervorgebracht werden, desto mehr bieten sie sich dem Auge der Menschen dar, und um sie überhaupt abzusetzen, muß man suchen, sie an recht viele abzusetzen, und diejenigen, welche hierbei leer ausgehen, sind geneigt, sich in Erinnerung zu bringen als auch derselben bedürftig. So ist aus den verschiedensten Gesichtspunkten, aus den verschiedensten Motiven mit einer größeren Civilisation stets auch der Versuch einer gleichmäßigeren Vertheilung der Güter verbunden gewesen. Es ist das ein gutes Zeichen einer Zeit, eine Thatsache, die möglichst zur Steigerung gebracht werden sollte.

Das Dritte, was dem Rückgekehrten auffiel, war, daß die Menschen so sehr viel mehr Theil nehmen an ihren staatlichen Angelegenheiten, und zwar ohne solchen Ständeunterschied, wie er früher bestanden hat, daß die Einzelnen in grosser Anzahl berufen sind, ihre Stimme abzugeben, um durch gewählte Vertreter an der Feststellung der Gesetze und an den allgemeinen Angelegenheiten des öffentlichen Interesses Theil zu nehmen. Wo das ist, ist es ein sehr großes Gut. Es macht den Einzelnen viel teilnehmender für das Ganze, ist auch den Regierenden selber eine große Wohlthat, denn selbst bei dem besten Willen von der Welt sind nach Ausweis der Geschichte die regierenden Klassen stets geneigt gewesen, nach ihren besonderen Interessen zu verfahren. Sie wollten das oft gar nicht, aber es schleicht sich unwillkürlich ein, wenn nicht welche da sind, die immer wieder daran erinnern, das und das würde nur eine einseitige Wohlthat sein. Ohne Controlle entsteht stets Klassenherrschaft der Regierenden; jeder Mensch bedarf dessen, irgend wem verantwortlich zu sein, nachdrücklich interpellirt werden zu können.

Neben diesem dritten Stück moderner Civilisation, der Betheiligung großer Klassen am Staats= und Gemeindeleben, tritt das vierte Stück, das Bestehen verschiedener religiöser Gemeinschaften neben einander, aller voll Eifer und doch friedlich. Dies Stück ist theuer erkauft worden, mit langem Kampf und viel Blut. In ihm ist zum Durchbruch gekommen, was germanisch ist. Ein sehr conservativer Mann und orthodoxer Protestant, Guizot, hat in seiner Geschichte der europäischen Civilisation die Bemerkung gemacht, daß dem römischen Geiste das, was man Individualität nennt, fremd gewesen sei; dort sollte ein Bürger sein wie der andere. Darum entschuldigt sich Cicero in seinen Reden so oft, daß er im Rufe stehe, sich auch um griechische Wissenschaft und griechische Philosophie zu bekümmern; denn die römische Volksart verachtete den Griechen, den Graeculus, als einen schwachen und weichen. Guizot hat mit Recht daran erinnert, daß auch der christlichen Kirche das, was man Individualität nennt, fremd gewesen ist, wie jene sich im römischen Weltreich und dann unter den germanischen Völkern einführte. Die Kirche war immer bestrebt, eine Auffassung des Christenthums als die allein richtige durchzuführen und selbst mit Gewalt durchzusetzen, und Abweichungen als Ketzerei zu verpönen. Gegen diesen Zug, den auch die römische abendländische Kirche hatte, hat sich eben der Protestantismus durchgesetzt, nachdem in langen Kämpfen keine Partei den vollen Sieg davon getragen hatte. Nachdem er sich so behauptet hatte, kam es ganz allmählich dazu, daß man überhaupt bei uns andere Richtungen der Frömmigkeit, andere Auffassungen des Christenthums duldete. So ist aus dem germanischen Zug für Individualität, der auch nach anderen Seiten bemerkbar ist, hervorgegangen der Sinn für freiere und vielseitigere Richtungen des geistigen Lebens überhaupt. In manchen unserer Verfassungen steht der Satz: die Wissenschaft und ihre Lehre ist frei. Vor 300 Jahren würde davon nicht die Rede haben sein können; da sah man es als selbstverständlich an, daß die Wissenschaft sich der Bibel oder der Kirche zu unterwerfen habe. Daß Ansichten, die zunächst nicht mit dem Wortlaut der Bibel stimmen, gelehrt werden können, daß gar nicht von dem Einzelnen mehr verlangt wird, sich bei seinen wissenschaftlichen Untersuchungen und ihren Resultaten immer erst umzusehen, ob sie mit der Bibel stimmen, ist ein Zug, den wir heute als ganz selbstverständlich ansehen, der es aber noch im 17. Jahrhundert durchaus nicht war.

Zusammenfassend können wir sagen: das Eigenthümliche der modernen Civilisation ist das Bestreben, immer mehr Mittel der Kraft und des Wohlseins zu beschaffen; daß dies Bestreben Erfolg hat, hängt wesentlich mit der modernen Naturwissenschaft und der darauf gegründeten Technik zusammen. Das weitere Bestreben moderner Civilisation ist, die Mittel der Kraft und des Wohlseins in immer gleichmäßigerer Weise über alle Angehörigen der Gesellschaft zu verbreiten. Dazu kommt, daß das geistige Leben einen sehr mannichfaltigen und verschiedenartigen Aufschwung genommen hat, wie sich darin zeigt, daß der Einzelne an Staat und Gemeinde einen thätigen Mitantheil hat, gewissermaßen sich selbst mitregiert und nicht blos von anderen geleitet wird, und daß in Religion, in Wissenschaft, in Kunst und der sonstigen Ausgestaltung des Lebens innerhalb der allgemeinen, für alle zur Aufrechterhaltung der Ordnung geltenden Gesetze möglichst viel Freiheit waltet.

Wenn dies das Eigenthümliche unserer modernen Welt ist, so entsteht die Frage: wie sollen wir die Jugend erziehen, damit sie einst in diese Welt eintreten könne und früh eine Empfindung bekomme von deren Eigenthümlichkeit? Das Naturwissenschaftliche wird hierbei verhältnißmäßig eine bedeutende Stelle einnehmen müssen schon deshalb, weil die Technik durchaus auf ihm beruht. Die sozialen Bestrebungen, wie man sie heute nennt, das Bemühen, die gewonnenen Güter möglichst vielen zugänglich zu machen, werden eine große Rolle darin haben, aber in engem Zusammenhang mit Naturwissenschaft und Technik. Der Sinn für den Staat und die Theilnahme am Staat wird ein großes Stück in der Erziehung ausmachen. Religion in ihren individuellen Gestaltungen in Folge der religiösen Freiheit wird gleichfalls in der Erziehung stets eine Stelle behaupten; denn je mehr Freiheit hier gelassen wurde, desto blühender und reicher hat sich religiöse Art stets entfaltet. Aber auch der Wissenschaft kann hierbei erst recht ihr freier Gang gelassen werden, die moderne Civilisation steht und fällt mit der Freiheit der Wissenschaft; denn mit dieser ist die moderne Naturwissenschaft, die Grundlage aller erfolgreichen Bestrebungen auch auf sozialem Gebiet, erst zur Blüthe gelangt.

Wie ist es aber möglich, die große Masse des Volkes in diese Eigenthümlichkeiten einzuführen, so daß sie durch die Schule fähig werden, sich in diesen Verhältnissen zu bewegen? Wir müssen bei dieser Frage sehr vorsichtig zu Werke gehen, keineswegs bloß von dem ausgehen, was man sich so als möglich denken oder vielmehr träumen kann, müssen auch nicht bloß auf unsere engere Erfahrung zurückgehen — diese kann ja in jedem Einzelnen immer nur eine sehr beschränkte sein —; wir müssen Verschiedene hören und so gewissermaßen eine angehäufte Erfahrung Vieler zu Stande bringen. Wir wollen uns zunächst umsehen, wie hervorragende Männer darüber geurtheilt haben, was im Ganzen von den Menschen bei uns nach Begabung und Neigung erwartet werden könne. Von den Lebenden hören wir den Naturforscher Huxley in England, der sich auch mit Fragen der Erziehung und des Unterrichts beschäftigt hat. Nach ihm ist die Neigung und Befähigung für eigentlich wissenschaftliche, literarische und artistische Bestrebungen nicht sehr verbreitet, die Mehrzahl wünsche bloß eine mäßige Anstrengung und einen recht großen Theil Muße, und begnüge sich damit, gewöhnliche Dinge in gewöhnlicher Weise zu thun. Wenn wir zu uns nach Deutschland herübergehen, so finden wir von Schleiermacher, einem sehr feinen Beobachter der Menschen und dabei sehr milden, den Ausspruch, daß bei der Mehrzahl das Praktische das Theoretische überwiege, und von Herbart das Urtheil speciell über die gebildeten Klassen, daß ihr überwiegender Wunsch sei genügendes Auskommen und angenehme gesellige Verhältnisse. Was insbesondere die Befähigung betrifft, so hat in unserer Zeit ein Engländer, Galton, ein Psychologe, statistische Aufstellungen darüber gemacht, und diese Aufstellungen in Zahlen haben zu der Formel geführt, daß auf 4000 Einer gerechnet werden könne, der sich auszeichne, und auf 1 000 000 Einer, der derartige geistige Fähigkeit habe und den damit verbundenen Trieb, etwas aus dieser Befähigung zu machen, die man als Genie bezeichne. Müssen wir uns nun darein ergeben, daß das eben so ist, oder können wir nicht den Versuch machen, doch gewissermaßen mehr aus dem Menschenmaterial herauszuschlagen? Es ist ja nicht selten der Fall, daß der nächste Eindruck ist, es sei nicht viel Talent und nicht viel Neigung da; wenn man aber tapfer vorgeht, gelingt es doch noch etwas Erkleckliches herauszugewinnen. Das ist die Ansicht, die im vorigen Jahrhundert herrschte von Frankreich aus. Wir finden sie aber schon im Anfang desselben Jahrhunderts in England, Swift z. B. spricht sie öfter aus. Diese Ansicht ist überzeugt, man könne alles aus dem Menschen machen, wenn man sich nur in der Erziehung richtig anstelle. Diese

Ansicht haben auch große Denker bei uns sehr viel getheilt, die ganze französische Revolution war von ihr beseelt, der erste Napoleon von ihr erfüllt. Es konnten in jener Zeit stattliche Argumente für sie angeführt werden, z. B. die Erfahrung, die man in Schottland gemacht hatte. Als die schottische Schulakte 1696 erlassen war und in jedem Kirchspiel das eingerichtet wurde, was man Volksschule nennt, wurde bereits nach einer Generation der Unterschied zwischen den Schotten und den übrigen Völkern so groß, daß Macaulay berichtet, wo ein Schotte hingekommen, habe er alle ihm sonst Gleichstehenden aus dem Felde geschlagen, eben weil er ihnen durch die Schulbildung überlegen gewesen. Daß Erziehung sehr viel vermag, dafür könnte man aus unseren Tagen noch die Beobachtung anführen, die Bryce gemacht hat in seinem Buche über die Vereinigten Staaten (The American Commonwealth), und die sich in den übrigen von England ausgegangenen oder zu England gehörigen Colonien bestätigt, daß sämmtliche germanische Einwanderer, Deutsche, Dänen, Norweger, Schweden, schon selbst und noch mehr ihre Kinder in die anglo=amerikanische oder local=englische Art übergehen, so über= raschend schnell übergehen, daß Bryce daran erinnert, es stimme das eigentlich wenig mit der gewöhnlichen Lehre von der Vererbung, die solche Umänderungen als nur sehr langsam vorgehend denke. Man müßte also sagen: wenn zur Erziehung das hinzukommt, was man jetzt mit dem Ausdruck milieu bezeichnet, die natürlichen und gesellschaftlichen Verhältnisse und Lebensbedingungen, wenn diese alle zu dem, was die Erziehung erreichen will, stimmen, so scheint ein ganz überwältigender Effect hervorgebracht werden zu können.

So stehen sich also die Ansichten gegenüber: die eine, welche das, was durch Erziehung zu erwarten sei, sehr mäßig taxirt, die andere, die das sehr hoch anschlägt. Wir sehen uns um, ob wir zwischen diesen Gegensätzen einen Entscheidungsgrund finden, und finden ihn vielleicht, wenn wir auf diejenigen Männer sehen, die verhältnißmäßig von der Erziehung immer am unabhängigsten waren. Es sind die= jenigen, welche man wirklich als Genies bezeichnen kann. Von Pascal steht fest, daß er als 12jähriger Knabe von der Geometrie nichts wußte; sie wurde ihm absichtlich fern gehalten, es war ihm blos gesagt worden, sie sei die Wissenschaft richtige Figuren zu zeichnen und deren Verhältnisse zu entdecken. Von dieser bloßen Definition aus hat er die euklidische Geometrie bis zum 32. Lehrsatz sich selber erfunden. Liebig ging als Knabe an allem, was nicht Chemie war, theilnahmlos vorüber, wie von einem Instinkt beseelt, daß die Chemie sein beschiedenes Loos sei. Unzweifelhaft war Lord Clive ein Genie, der in Indien der große Feldherr wurde, obwohl er nie etwas von Kriegswissenschaft studirt hatte, und als Staatsmann Großes, wenn auch nicht ohne Tadel, leistete, obwohl er sich nie vorher mit Regierungskunst beschäftigt hatte. Washington kannte nie eine Sprache außer seiner Muttersprache und hatte die Klassiker nicht einmal angefangen; in seiner Jugend lernte er blos Geometrie, Trigonometrie und Feldmeßkunst — das letztere war damals eine sehr einträgliche Beschäftigung in Amerika —, und ist einer der größten Feldherrn und Staatsmänner der Geschichte geworden.

Diese Männer können uns lehren, was Erziehung vermag und nicht vermag. Genies kann man durch Erziehung nicht machen, im Gegentheil ist es Erfahrungsthatsache, daß eine sehr stramme Zucht bei ihnen gerade die Gefahr hervorbringt, ihr Genie zu ersticken. Wenn etwas der Art in einem Menschen wahrgenommen wird, so muß man ihn seine eigenen Wege gehen lassen, nur ihn davor hütend, daß es ihm äußerlich zu gut geht — was gerade bei genialer Begabung sich öfter nachtheilig erwiesen hat —, aber ebenso auch ihn vor Mangel und Kampf um die äußeren Lebensbedingungen bewahrend, damit die geistige Kraft sich möglichst ungeschwächt zum Vortheil der Menschheit entwickeln könne. Mehr kann man dabei nicht thun; es sind da Bedingungen im Spiel, Anlagen und Keime, die sich durchaus nicht durch Einwirkung der Erziehung hervorbringen lassen, sondern die diese nur, wo sie da sind, pflegen kann.

Wir können wohl den Schluß ziehen, daß es mit dem, was man Talent oder überhaupt Gaben nennt, ähnlich ist. Auch sie kann man nicht durch Erziehung und Unterricht hervorbringen, man muß immer darauf rechnen, daß so etwas in irgend einem Grade, wenn auch einem geringen, da sei, und durch Übung das Vorhandene wecken und steigern. Aber auch da kommt es mehr darauf an, den Gaben Gelegenheit zu geben, geweckt und geübt zu werden; Überhäufung mit Stoff hat oft etwas Abstumpfendes. Wenn man den Geist zu sehr füllt, so nimmt er später nichts mehr auf, während, wenn man ihn blos weckt und übt an mäßigem Stoff, er immer noch Empfänglichkeit für Weiteres behält, was gerade im späteren Leben das Wichtige ist. Wir werden uns daher wohl für die Ansicht entscheiden müssen, daß die Erziehung keineswegs alles kann, daß da, wo sie große, überraschende Erfolge hervorgerufen hat, immer Anlage und Begabung entsprechend dagewesen waren, die freilich ohne die weckende Kraft der Erziehung nicht hervorgetreten wären oder nicht in dieser Weise. Mehr beweist auch die schottische

Schulakte nicht. Auf die Allmacht der Erziehung, welche das vorige Jahrhundert zum Theil proclamirte, muß man verzichten.

Wenn wir so mit mäßigen Erwartungen an Erziehung und Unterricht herantreten, wie soll man da das Ziel der Erziehung für das, was man Volksschule nennt, ansetzen? Die Eltern würden nicht anstehen zu antworten, der Junge solle so erzogen werden und solches lernen, daß er einmal ehrlich und selbständig durch die Welt komme. Diesen Gedanken muß man durchaus loben; denn das giebt einem Menschen seine ehrenvolle Stelle in der Welt, daß er durch seine eigenen Kräfte sich forthilft und niemanden zur Last fällt. Daher muß bei Erziehung und Unterricht zuoberst gefragt werden: ist das alles so, daß der Knabe auf seinem Lebensweg etwas davon hat? Da die meisten, welche die Volksschule verlassen, in praktische Berufsarten übergehen, so braucht man sich nur in das zu versetzen, was der Lehrherr wünschen würde, daß der Lehrling mitbrächte. Das ist etwa, daß er gesund sei und frischen Muths, Lust an der Arbeit habe und nicht ganz ungeschickte Finger dazu, wenn er auch noch nichts von den Handgriffen weiß, die gerade in diesem Geschäft erforderlich sind. Er wird ferner wünschen, daß er ordentlich lesen, schreiben und rechnen kann, womöglich auch zeichnen, und daß er, da in jedem Geschäft irgendwelche Naturgegenstände bearbeitet werden, von diesen soviel wisse, daß für die Verfahrungsweisen und Beurtheilungen ein Anknüpfungspunkt vorhanden sei.

So muß man sich die Volksschule zunächst denken in ihrem Ziele und in den Mitteln zu demselben. Es stimmt das ganz mit den Beobachtungen, die bewährte Volksschulmänner als das Resultat ihres Lebens niedergelegt haben. Ein Hauptbuch über das Volksschulwesen ist Gräfe „Die deutsche Volksschule", dessen 3. Auflage von Schumann besorgt ist. Gräfe stellt als Grundsatz für den Volksschulunterricht auf, daß die Kinder von Haus aus als hauptsächlichen Zug an sich haben die Lust etwas zu thun, wie das Volk selbst es ausdrückt, etwas zu schaffen, während der intellectuelle Trieb, die Dinge zu verstehen, zunächst noch zurücktritt. Sie sind durchaus damit befriedigt, wenn ihnen die Sachen gegeben werden, daß ihnen gezeigt wird, wie sie etwas machen sollen, und sind glücklich, das nun zu versuchen. Gar nicht ausgeschlossen ist dabei, daß, während sie das so handhaben, die Einsicht allmälich dazukommt. Man muß beim Erlernen einer Sprache ihnen also die Laute nicht physiologisch erklären wollen, sie würden das gar nicht verstehen, man läßt die vorgesprochenen Laute sie sofort nachsprechen. Treffen sie dieselben nicht gleich, so macht man ihnen die

Mundstellung vor und läßt sie diese nachmachen. Gewöhnlich finden sie dieselbe sehr schnell und freuen sich ungemein des Gelingens. Ebenso ist es beim Schreibunterricht, der im Vormachen und Nachmachen verläuft. Auch Rechnen wird von ihnen ganz überwiegend durch Nachahmung gelernt. Dabei kann man es hier durchaus so halten, daß, wenn ihnen dann ganz von selber die Frage auftaucht, wie das eigentlich zusammenhänge, sie auch die denkende Einsicht davon bekommen. Es ist also die Hauptgrundlage, daß man das Kind vor allem als ein Wesen auffaßt, welches gern etwas macht, freudig ein Vorbild nachahmt, und daß man ihm Vorbild und Nachahmen so zuführt, daß auch das Verständniß allmälich herauskommen kann.

So muß es auch durchaus mit dem Naturwissenschaftlichen gehalten werden, welches allerdings auf der Volksschule allmählich ein Hauptgegenstand werden muß, schon darum, weil es selber die Grundlage der Technik ist, und das Ziel der Volksschule ist, zu Berufsarten hinzuführen, die im weiteren Sinne technische sind. Mit dem Naturwissenschaftlichen kann natürlich nicht angefangen werden, wenn die Kinder zur Volksschule kommen, aber von Anfang an muß eine gewisse Hinleitung darauf statthaben. Ich habe S. 2—3 zwei Beispiele gegeben, wie wir uns freuen würden, und wie Sachverständige es für durchaus erreichbar halten, daß ein 14jähriger Knabe etwa die Fragen über Leuchtgas und Locomotive beantworte. In der Erstrebung solchen Zieles sind die Engländer vorangegangen in einer Weise, die ihnen die höchste Ehre macht. Vertreter der Naturwissenschaften haben sich dort zusammengethan, die sogen. science primers abzufassen, Elementarbücher der Naturwissenschaft; Huxley und andere hervorragende Gelehrte haben dabei mitgewirkt. Diese sind auch ins Deutsche übertragen, bei Trübner in Straßburg erschienen unter dem Titel „Naturwissenschaftliche Elementarbücher". Der Gedanke war, daß die Männer, die am besten beurtheilen können, was eigentlich Wissenschaft ist, auch am geeignetsten seien, dies in der elementarsten Weise zur Darstellung zu bringen, und aus den einzelnen Wissenschaften dasjenige herauszuheben, was sich zu einer elementaren Darstellung eignet. Diese Bücher sind daher für alle, die sich für Unterricht interessiren und mit solchem einmal zu thun haben werden, höchst empfehlenswerth. Was darin steht, kann freilich nicht alles in der Volksschule vorkommen, es kann auch nicht in jeder dasselbe vorkommen, da der ganze Betrieb sich nach der jedesmaligen Art der Kinder mannichfach abändern muß, aber es kann das Gebotene als Grundlage solchen Unterrichts dienen auch über die Volksschule hinaus, auf Bürgerschulen,

Realschulen, Gymnasien. Die S. 2—3 gegebenen Beispiele habe ich absichtlich aus diesen Büchern entnommen, um zu zeigen, daß man sich die Art und Weise elementarer Belehrung nicht erst zu erfinden braucht, daß dieselbe zur Benutzung bereit vorliegt. Bei uns in Deutschland gereicht es den Schulbehörden der verschiedensten Länder sehr zur Ehre, daß sie ihren Lehrern diese Elementarbücher lebhaft empfohlen haben. Sie sind bei uns zum Theil von deutschen Gelehrten umgeschrieben, wo die bloße Uebersetzung ungeeignet gewesen wäre, da in vielen Fällen Bezug auf englische Verhältnisse der Naturgegenstände und der Bodenbeschaffenheit genommen sein kann, was sich auf ein anderes Land gar nicht übertragen läßt.

Für die Art und Weise solchen Unterrichts will ich noch ein Beispiel geben, das mir gerade dieser Tage durch die Hände gegangen ist. Man will etwa allerlei über Erwärmung und Abkühlung klar machen, nimmt dazu eine Spirituslampe auf einem Dreifuß, setzt eine Flasche auf, füllt diese vor den Augen der Schüler mit Wasser, sodaß kein Tropfen mehr hineingeht. Nun wird die Spirituslampe angesteckt und die Erwartung der Kinder erregt, was wohl geschehen werde. Das Erstaunliche ist, daß, wie die Flasche anfängt warm zu werden, das Wasser etwas zurückgeht, also nicht mehr die ganze Flasche ausfüllt. Die Kinder finden durch geeignete Fragen in der Regel heraus, daß man annehmen müsse, das Glas habe sich durch die Erwärmung ausgedehnt, und so scheine das Wasser weniger Raum einzunehmen als vorher. Nun wird die Flasche mehr erwärmt und das Wasser fließt über; „das Wasser dehnt sich jetzt mehr aus, als die Flasche". Man fragt weiter: da jetzt weniger Wasser in der Flasche ist, wie wird es sich mit dem Gewicht verhalten? Die Flasche wiegt weniger mit dem jetzigen Wasser; „also das Gewicht des erwärmten Wassers ist geringer als das des kalten". Läßt man endlich die Flasche wieder abkühlen, so füllt das Wasser nicht mehr die ganze Flasche aus, „Kälte zieht zusammen".

Diese Beispiele alle zeigen, wie in anschaulicher und einfacher Weise mit Naturwissenschaftlichem vorgegangen werden kann. Das alles muß nachher benutzt werden, die Vorgänge des täglichen Lebens besser zu verstehen. Gerade die Elemente der Naturauffassung müssen stets mit den Erscheinungen des täglichen Lebens in Beziehung gesetzt werden, und immer auch schon in Beziehung gesetzt werden mit dem, was den Kindern später in den verschiedenen Berufsarten besonders häufig begegnen wird.

Auch die elementare Physiologie gehört auf die Volksschule als Grundlage der Gesundheitslehre, der Hygiene. Natürlich kann auch nur das leicht Zugängliche und die Kinder stark Interessirende vorgeführt werden mit anschaulichen Aufzeigungen in Modellen und Nachbildungen des menschlichen Leibes etwa in Papiermaché. Auch der Zusammenhang des Physiologischen mit dem, was sie vom Physikalischen und Chemischen gelernt haben, ist den Kindern wohl zuführbar. In einem jener Elementarbücher ist mit großer Geschicklichkeit darauf hingeleitet, daß die Ernährung im Menschen eine Art Verbrennung sei: die Bewegung der Dampfmaschine wird hervorgebracht durch Erwärmung des Wassers, und indem der Kolben sich auf= und abbewegt und die Bewegung der Räder hervorbringt, wird auch immer die ganze Maschine warm; wenn wir uns ernähren, wird auch unser Körper warm, und durch Ernährung gestärkt, sind wir sehr aufgelegt, uns zu bewegen und halten uns ungern ruhig, wenn uns dagegen die Ernährung entzogen wird, wie in Krankheiten, klagen wir über Kälte, sind unlustig zur Bewegung, die Bewegung fällt uns schwer; es liegen also da vielleicht ganz ähnliche Vorgänge vor, wie wenn die Maschine nicht mehr arbeitet, wenn man ihr die Kohlen und die Luft bei der Heizung entzieht.

So etwa, in Heraushebung wichtiger Erscheinungen und weiterer Benützung derselben, wird der naturwissenschaftliche Unterricht auf der Volksschule gedacht werden müssen, nicht daß eine systematische Unterweisung ertheilt wird. Das ist gerade das Unglück, daß das immer noch auf den Schulen geschieht, und daß man meint, weil etwas auf den Universitäten natürlich systematisch betrieben wird, müßte es auf den Gymnasien ebenfalls systematisch betrieben werden, und weil die Lehrer auch der anderen Schulen das alles in· mehr systematischer Weise lernen, müßten auch die Kinder das alles sofort so lernen. Es muß ganz auseinandergehalten werden, wie Wissenschaft gelehrt wird und die künftigen Lehrer wissenschaftlich lernen, und wie die Lehrer das Erlernte im Volksschulunterricht oder im Elementarunterricht der höheren Schulen weiter geben; davon muß später noch öfter die Rede sein, hier sollte nur gleich auf diesen Unterschied hingewiesen werden.

Es scheint das alles ganz anders als bei uns üblich; bei uns heißt es von der Volksschule immer: was die erreichen kann, ist Lesen, Schreiben, Rechnen, Singen und etwa Turnen oder ähnliche gymnastische Übungen. Naturkunde ist nur allmählich hinzugetreten. Hier wird das Letzte gewissermaßen die Hauptsache. Nun ist allerdings die Meinung, daß das gewissermaßen die Hauptsache ist; deshalb braucht es aber noch nicht die Hauptmasse der Zeit einzunehmen, sondern nur das Verständniß für die Gegenstände, mit denen der Schüler später zu thun hat, muß in aller Weise vorbereitet werden, soweit man unter Wahrung der kindlichen Art darin kommt. Lesen, Schreiben und Rechnen soll nicht geschmälert werden, aber zu dem gemacht, was es eigentlich ist. Wir vergessen im gewöhnlichen Leben immer, daß dies nicht Selbstzweck ist, sondern Mittel. Wir lernen lesen, und auch der Volksschüler lernt lesen, damit er nicht blos auf mündliche Belehrung angewiesen ist, sondern auch ein Buch zur Hand nehmen und sich aus demselben unterrichten kann. Er lernt schreiben, damit er nicht blos mündlich verkehren, sondern auch schriftlich Mittheilungen machen kann. Das Rechnen lernt er, soweit es schriftlich ist, damit er, die Zahlen vor Augen habend, weniger Irrthümern ausgesetzt ist, als beim bloßen Kopfrechnen stattfinden würden, und auch viel längere Rechnungen machen kann, als das bloße Gedächtniß verstatten würde. Aber das sind alles nur Mittel; wer lesen, schreiben und rechnen kann, könnte noch ungeschickt und überaus wenig brauchbar im Leben sein und hat noch gar keine Einführung in die Elemente der Dinge, mit denen er nachher wird zu thun haben. Es muß also Lesen, Schreiben und Rechnen zwar immer geschätzt werden, aber eben als Mittel. Zu diesen Mitteln muß noch hinzukommen das Zeichnen als gerade so wichtig wie das Schreiben. Für die höhere Bildung ist dies durchaus erkannt. Wer Naturwissenschaft in irgend einem Zweig derselben treiben will, muß fix im Zeichnen sein; wenn er sich eine Gestalt oder einen Körper aus der Natur einprägen will, so ist das Wort dazu entweder vag oder umständlich; wenn er aber sein Büchlein herauszieht und sich die Umrisse geschwind zeichnet, so hat er eine Grundlage bleibender Auffassung. Wenn man mit Technikern verkehrt und sie aus ihrem Gebiete etwas fragt, so geben diese in der Regel es nach Kurzem auf, die Sache mit Worten zu beschreiben, sie nehmen ein Blatt Papier und zeichnen sie. Das Zeichnen ist eben in vielen Beziehungen, wo man es mit Gestalten oder verwickelten Theilen zu thun hat, ebenso erforderlich wie das Schreiben, ja noch in höherem Grade erforderlich.

Manches wird so in der Schätzung z. B. des Schreibens anders werden. Man wird nicht mehr den ungeheueren Werth darauf legen, daß jemand immer orthographisch richtig schreibe. Natürlich wird man auch das erstreben; wenn man aber einen Schüler vor sich hat, der sehr gut in elementarer Naturauffassung ist, so wird man ihn zwar antreiben, sich auch die Orthographie anzueignen, aber man wird ihn nicht mehr für gering tariren, wenn er mehr als andere da Fehlern ausgesetzt ist. Überhaupt wer einmal Kinder in dieser Hinsicht beobachtet hat, denkt von der Orthographie gar nicht sehr hoch, sie ist häufig blos; eine Sache des Augengedächtnisses. Kurzsichtige lernen sie daher meist später, weil ihr Augengedächtniß geringer ist, und sie daher geneigt sind, nicht nach dem Gesichtserinnerungsbild, sondern nach dem Gehörsklangbild zu schreiben. Manche Erwachsene und sprachlich Gebildete verfallen, wenn sie ganz dem Inhalt einer schriftlichen Aufzeichnung zugewendet sind, auch darein, nach dem Klangbild zu schreiben, und finden beim Überlesen zu ihrem höchsten Erstaunen nachher orthographische Fehler. Wenn man dies auf Leute überträgt, die viel weniger mit Schriftzeichen, gelesenen und geschriebenen, umgehen, so wird sich die Beurtheilung oft ganz anders stellen, als dies noch heute der Fall ist. Übrigens hat Schleiermacher in seiner Erziehungslehre längst daran erinnert, daß man Lesen und Schreiben wie Selbstzweck treibe, während sie doch offenbar nur die Bedeutung von Mitteln haben könnten.

Zu Lesen, Schreiben, Rechnen und Zeichnen muß früh als Vorbereitung für die Auffassung der Naturerscheinungen der Anschauungsunterricht treten, wo an einzelnen Fällen die sinnliche Auffassung überhaupt geübt wird. Von der Beobachtung der praktischen Pädagogen aus, daß die Kinder in diesem Alter vor allem schaffen und machen wollen, muß mit Anschauungs= und naturwissenschaftlichem Unterricht das verbunden werden, was man im Deutschen kurz als Handfertigkeit bezeichnet. Mit Recht ist der Handfertigkeitsunterricht in unserer Zeit in Aufnahme gekommen, und man hat an den verschiedensten Orten versucht, ihn mit der Schule in Beziehung zu setzen. Der Gedanke selber ist sehr alt; Comenius im 17. Jahrhundert hat ihn klar auseinandergesetzt. Er verlangt, daß jeder Schüler in die wichtigsten Kunstgriffe der verschiedenen Handwerke eingeführt und mit deren Werkzeugen bekannt gemacht werde, damit er Übung der Hand und des Auges erhalte und mit einem gewissen Verständniß die Wahl des Berufs treffe. In unserer Zeit ist von Dänemark aus die Sache wieder in Aufnahme gebracht worden durch den Rittmeister Clauson Kaas, der ganz zufällig darauf verfiel. In einer stillen Garnisonstadt seine Kinder selbst unterrichtend, bemerkte er, daß eine Übung der Hand und des Auges an verschiedenen Werkzeugen etwas sehr Nützliches und Erfreuendes habe. In den nördlichen Ländern hat sich der Zug verbunden mit dem, was man Hausfleiß nennt. Bei uns ist eine solche Nebenrücksicht auch manchmal maßgebend, aber im Allgemeinen ist Letzteres nicht die Hauptsache, sondern dies ist die Einführung in die Technik; dabei wird der Schüler auch mit dem Material, das bearbeitet wird, bekannt, und da das immer aus der Natur stammt, so giebt das gerade einen Anknüpfungspunkt für die naturwissenschaftliche Auffassung.

Sehr thätig ist bei uns die Lehrerbildungsanstalt für Knabenhandarbeit in Leipzig. Die Fächer, die dort in den Kursen vorgetragen werden — zunächst für Lehrer, um das Ganze erst allgemeiner zu verbreiten —, sind Papparbeit, Hobelbankarbeit, ländliche Holzarbeit mit dem Messer an der Schnitz- und Hobelbank, Holzschnitzerei, Metallarbeit, ländliche Metallarbeit, die letztere dort ohne Feuer. Manchmal ist bei uns in Deutschland der Handfertigkeitsunterricht mit Schulen verbunden, manchmal besteht er mehr in freier Weise; es wird gerühmt, daß die Knaben mit dem äußersten Eifer darauf eingehen. Ob dieser Unterricht auch bei den höheren Schulen, auf Realschulen und Gymnasien, Anwendung finden kann, müssen wir uns zur späteren Betrachtung zurückstellen. In den nordischen Ländern ist er schon sehr verbreitet, meist hier in freierer Weise; obligatorisch ist er auf den französischen Volksschulen, seitdem das Volksschulwesen unter der Republik den großen Aufschwung genommen hat, und in Finnland, jetzt auch in Baden.

Außer Lesen, Schreiben, Rechnen, Zeichnen, dem naturwissenschaftlichen Unterricht mit Technik und Handfertigkeit muß bei uns gelehrt werden die deutsche Sprache und Anfangsgründe der Litteratur. Die deutsche Sprache muß wesentlich praktisch geübt werden nebst dem, was zum schriftlichen Ausdruck erforderlich ist, womöglich so, daß es den Kindern den Weg für das spätere Leben bereitet. Was Aufsätze betrifft, ist es am besten, sie etwa in Briefen zu üben, die sie kurz entwerfen, oder in Beschreibung von Gesehenem und Erlebtem; auch Rechnungen sollen sie lernen aufzustellen, dazu werden sie zu Hause oft schon gebraucht. Wirkliche Sprachkunde oder Sprachgewandtheit kann nicht gefordert werden. Mit den Anfangsgründen der Literatur ist nur gemeint, daß sie mit denjenigen Gedichten und prosaischen Stücken unserer großen Schriftsteller bekannt gemacht werden, die allgemeinverständlich sind und im Volke längst Eingang gefunden haben.

Die Geographie wird seit Langem auf den Volksschulen im Anschluß an die Heimathskunde getrieben. Besonders müssen die Schüler mit der Geographie ihrer Heimathsprovinz bekannt gemacht werden und dann mit der Geographie Deutschlands; von der allgemeinen Geographie werden ihnen die Grundzüge zugeführt. Es steht gar nichts im Wege, daß das Paläontologische erwähnt wird, soweit es etwa bei der Gegend naheliegt. Man wird nicht zu verschweigen brauchen, daß vor vielen 100,000 den von Jahren in Mitteleuropa ein großes Meer flutheten aus welchem die rheinischen Schiefergebirge, der Harz, die böhmisch=sächsischen Berge, der Thüringer= und Frankenwald als Inseln heraus=ragten; wo es angeht, wird man das an etwaigen Funden anschaulich machen, die sich nur auf diese Weise erklären. Für derartige Mit=theilungen sind Schüler immer überaus empfänglich.

Was die Geschichte betrifft, müssen sie natürlich mit den Haupt=thatsachen der deutschen Geschichte bekannt gemacht werden, und nichts hindert, hierin bis in die neueste Zeit zu gehen; nur muß immer die strengste historische Wahrheit herrschen, und man sich sehr hüten, irgend welche besondere Absicht, sei sie auch noch so wohl gemeint, dabei zu verfolgen. Wo viele Deutungen und Auslegungen möglich sind, da entsteht im Volke überaus leicht Mißtrauen, wenn immer nur e i n e gelten soll. Auch von der Geschichte der Nachbarvölker müssen sie etwas erfahren, und von der übrigen Menschheit mindestens gewisse Grundzüge. Daß im Lesebuch Abschnitte stehen über die Sitten etwa der Chinesen oder wilder Völker ist im höchsten Grade wünschenswerth. Bei uns lernen sie durch die biblische Geschichte des Alten Bundes immer ein Stück Orient, was sehr gut ist für Erweiterung des Blicks, aber für sich allein nicht ausreichend. Auch bei der Geschichte ist kein Grund, zu verschweigen, daß sie bedeutend weiter zurückgeht, als man früher glaubte, daß sie auf hunderttausende von Jahren zurückgeht. Daß man von Pfahlbauten, von Überresten frühester Menschheit erzählt, hat gar nichts gegen sich. Es kann hervorgehoben werden, daß aus jenen Zeiten in Einzeichnungen Anfänge der Kunst vorliegen, die im höchsten Grade überraschen. Es kann auch hervorgehoben werden, daß die damalige noch wenig gebildete Menschheit eine ungeheuer große Aufgabe vollbracht hat, indem sie die wilden Thiere bekämpfte und die Menschheit im Großen und Ganzen zum Übergewicht gegen sie gebracht hat. Daneben braucht nicht verschwiegen zu werden, daß wahrscheinlich der Kannibalismus einst überaus verbreitet war.

Zu alle dem müssen durchaus einige national=ökonomische Kenntnisse kommen. Man hat das längst eingesehen und in verschiedener Weise versucht. Was Papiergeld ist, warum man Armen möglichst wenig Almosen giebt und ihnen dafür in anderer Weise hilft, was Alters=versicherung sei, kann und soll ein 14jähriger Knabe bei uns allerdings wissen, wie dies bereits S. 4 berührt ist. Aber sie können auch ganz gut lernen, was Geld eigentlich ist, und daß Werth sich aus den zwei

Stücken „Brauchbarkeit und Seltenheit" zusammensetzt; es kann ihnen das an einzelnen Beispielen deutlich gemacht werden; ebenso was Preis ist. Es sind das alles Dinge, mit denen sie im Leben zusammentreffen, und von denen sie irgendwie zu Hause hören. Nur müssen es lauter Begriffe sein, die in der Wissenschaft nicht mehr streitig sind, wo es kein Für und Wider mehr giebt. Es giebt für diesen Elementarunterricht schon sehr gute Bücher, z. B. hat Jevons, der englische Logiker und Nationalökonom, einen primer über political economy geschrieben, Vorträge, die er einmal vor Volksschullehrern in Manchester gehalten hat. Er beruft sich darauf, daß schon der protestantische Erzbischof von Dublin, Whately, in der Mitte unseres Jahrhunderts solche Begriffe volkswirthschaftlicher Art weiteren Kreisen zugeführt hat, und bemerkt mit Recht: wenn man den Kindern hierin nicht die richtigen Begriffe zuführe, so bildeten sie sich falsche, instinktiv bilde sich jedermann hierüber irgend welche Vorstellungen, meist aber eben falsche. Darauf aber haben längst bewährte Männer der Volksschule (Gräfe) hingewiesen, daß es nicht richtig sei, zu sagen, man dürfe dort nichts lehren, was die Schüler nicht voll und ganz verstehen; das, was hier gemeint ist, sind Sachen, die sie vielleicht im Moment nicht ganz fassen, wenn sie aber ins Leben hinauskommen, sind sie ihnen alsbald ein Wegweiser des Verständnisses der bezüglichen Verhältnisse.

Außer nationalökonomischen sind auch einige rechtliche Kenntnisse zuzuführen, z. B. das Wesentliche bei Kauf und Verkauf, Tausch, Erb= schaft, Testament, warum überhaupt Steuern bezahlt werden. Das kann ganz gut in den oberen Klassen vorkommen und interessirt da in nicht geringem Grade. Das muß freilich nicht in juristischer Weise er= örtert werden, aber doch so, daß ein Jurist nichts dagegen einwenden würde, wenn er es hörte; es muß außerdem populär sein und sich auf Hauptpunkte beschränken.

Schlechterdings erforderlich ist endlich, daß die Schüler etwas von der Landes= und Gemeindeverfassung erfahren. Hier gerade steht es nach dem Ausspruch der Volksschulmänner überaus traurig; sie sagen geradezu, wer das Volk kenne, wisse, daß es von seinen bürgerlichen und Gemeinderechten und =Pflichten und von den allgemeinen hierher gehörigen Verhältnissen gar nichts verstehe und sich darum die wunderbarsten Vorstellungen bilde. Die Kenntniß muß auch hier bei den Grundzügen gehalten werden. Wie die Gemeindeverfassung in dem Ort oder der Stadt, wo sich die Schule befindet, beschaffen sei, läßt sich ganz wohl den Hauptpunkten nach verdeutlichen, und was z. B. mit Vertretung gemeint ist; dann folgen Grundzüge der Landesverfassung, und es ist sehr wohl denkbar, daß auch bei uns noch einmal, wie in Norwegen, in jedem Schullokal die Verfassung in großem Drucke an der Wand hängt. Gesagt ist schon, daß, was aus der Naturwissenschaft vorkommt, immer schon in eine Beziehung zur Praxis muß gesetzt sein. Was z. B. aus Botanik vorkommt, muß im Allgemeinen mit großer Umsicht ausgewählt sein und durchaus nicht systematisch behandelt werden. Es muß freilich im Lehrer auf systematischer Kenntniß beruhen, aber ausgewählt werden danach, was in den verschiedenen Lebensaltern die Knaben interessirt und ihnen gerade verständlich ist, und ob ihm eine praktische Beziehung gegeben werden kann. Volksschulen auf dem Lande, vielleicht auch in der Stadt, sollten einen Schulgarten haben, in dem die Kinder, gerade wie sie in Handfertigkeiten förmlichen Unterricht erhalten von geübten Lehrern oder unter Umständen auch Handwerksmeistern, so Unterricht im Gartenbau an Nachmittagen erhalten. Ähnlich muß es mit dem Unterricht in Zoologie gehalten werden, der mit Thiergärten in Städten, mit größeren Oeconomien auf dem Lande in lebendiges Verhältniß muß gesetzt werden.

Von fundamentaler Wichtigkeit ist es, daß aus dem naturwissenschaftlichen und dem Handfertigkeitsunterricht dem Knaben zum Bewußtsein komme, was allein der Mensch der Natur gegenüber vermag, daß er immer nur das kann, wozu die Natur selber ihm die Möglichkeit bietet, daß er nie aus einem Naturgegenstand alles Beliebige machen kann, sondern nur das, wozu die Eigenschaften und Kräfte und Verhaltungsweisen der Dinge das Vermögen in sich tragen, daß er auch mit seiner Hand nichts leisten kann, als was nach Bau und Bewegungskräften der Hand sich ausführen läßt, daß die Werkzeuge alle miteinander nur wirken mit den Kräften, die in ihnen selbst sind, und nach den Gesetzen der Bewegung, die man ihnen geben kann. Der Schüler muß tief durchdrungen sein von der Überzeugung, daß das einzige Mittel für menschliches Wirken ist, die Kräfte, die in der Natur und seinem eigenem Körper da sind, in mannichfacher Weise zu benutzen, und daß man in der Wirkung auf die Natur erst weiter gekommen ist, als man erkannt hatte, daß auch das, was wir Kunst nennen, nur Natur ist oder, wie man es ausgedrückt hat, Natur begleitet von menschlicher Unterstützung (ars natura comitata adminiculo humano, R. Boyle). Aber die Natur ist dabei die Hauptsache, und was der Mensch ihr an Unterstützung zuwenden kann, beruht selber wieder auf den natürlichen Einrichtungen und Kräften seiner Hand oder anderer Muskeln seines Körpers.

Das Andere, womit der Schüler durchdrungen werden muß, ist, daß die Natur unter Gesetzen steht. Unter Naturgesetz wird hier nichts anderes verstanden, als was sich wirklich nachweisen läßt. Wenn man sagt, es ist ein Naturgesetz, daß der Stein zur Erde fällt, so heißt das gar nichts anderes als: so oft wir einen Stein in die Höhe heben und ihm dann die Unterstützung entziehen, fällt er abwärts; wie wir das in der Vergangenheit nie anders gefunden haben, so haben wir auch keinen Grund, anzunehmen, daß es in Zukunft anders sein werde.

Auch mit dem muß der Schüler durchdrungen werden, was man gewöhnlich die Erhaltung der Materie nennt, was jetzt aber die Naturwissenschaft vorsichtig lieber so ausdrückt, daß das Gewicht der Naturkörper, wenn auch noch so viele Veränderungen mit ihnen vorgehen, stets gleich bleibt. Dies läßt sich schon daraus nachweisen, daß die Masse Wasser, die man im gewöhnlichen Zustande hatte und dann in Dampf verwandelt, dasselbe Gewicht zeigt; ebenso wenn sie zu Eis gefriert. So viel Veränderungen ein Naturkörper durchmacht, immer wird er dasselbe Gewicht behalten, wenn nicht Theile von ihm bei den Veränderungen abhanden kommen. Dies Gesetz ist eine Hauptdirektion bei Behandlung der Naturkörper, wonach man immer sagen kann, hier fehlt etwas am Gegebenen, also muß es anderswohin gekommen sein u. s. w. Erst mit dieser Erkenntniß war eine Grundlage der genauen Forschung den Naturdingen gegenüber gewonnen.

Daß es in der Natur eine Verwandlung der Kräfte in einander giebt, darauf werden die Schüler schon von selber kommen, man kann aber auch noch besonders darauf hinweisen. Bei der Dampfmaschine sehen sie, daß Wärme Bewegung hervorbringt, umgekehrt an den bewegten Rädern, die sich erhitzen und Funken sprühen können, daß Bewegung Wärme hervorbringt. Ein geriebener Metallknopf fühlt sich warm an, Stücke Eis, an einander gerieben, fangen an warm zu werden.

Die Schüler sind nun außer im Lesen, Schreiben, Rechnen und Zeichnen in Naturwissenschaft und was damit zusammenhängt, in Nationalökonomie, rechtliche und politische Verhältnisse elementar eingeführt. Soll ihnen nicht ein Lebensideal vorgehalten werden? soll kein eigentlicher Moralunterricht statthaben? Die Antwort ist: das Ganze, was da getrieben wird, enthält schon ein praktisches Lebensideal, nämlich dasjenige, das Locke einmal so ausgedrückt hat, die moralische Aufgabe des Menschen sei, seine Kräfte auszubilden zur eigenen Subsistenz und zum gemeinsamen Gebrauch des Lebens. Die Kinder lernen nach unserm Entwurf solches, was, indem es ihnen momentan Freude macht, sie zugleich für das künftige Leben vorbildet, und der Gedanke soll in ihnen geweckt werden, daß sie auf Grund des Gelernten einmal selbständig und ehrlich durch die Welt kommen können. Dies Gefühl, das im Volke sehr verbreitet ist, etwas zu lernen, um ehrlich durch die Welt zu kommen, ist etwas moralisch überaus Hohes. Damit kann sich verbinden, daß auch einzelne Gebote gegeben werden. Damit möge man indeß vorsichtig sein, es läßt sich nicht alles in einzelne Gebote fassen, und so ist immer die Gefahr, der auch die 10 Gebote des Christenthums nicht entgangen sind, daß, was nicht in den Geboten steht, als etwas betrachtet wird, das eigentlich nicht streng sittlich gefordert sei. Die Volksschullehrer haben wohl beklagt, daß es kein ausdrückliches Gebot sei, der Schüler solle seine Aufgaben mit Fleiß, Sorgfalt und Reinlichkeit. machen, der Handwerker nur immer gute und preiswürdige Arbeit liefern. Von der Schuljugend und im Volke wird beides nicht zu thun nicht eigentlich als sittlich tadelnswerth betrachtet wegen des fehlenden besonderen Gebotes. Es ist daher öfter darauf hinzuweisen, daß das einzelne Gebot zwar eine Anweisung für bestimmte Fälle sei, daß es aber immer auf die ganze Grundrichtung oder das ganze Gesammtbestreben ankomme.

In der ganzen Art, wie der Unterricht gedacht ist von uns, sind schon die Hauptpunkte aller Moral mitenthalten. Das Erste hierin war immer, daß es ein höheres Geistige im Menschen gebe, das die Herrschaft in ihm führen solle. Es kann das auch in einzelnen Beispielen vorgeführt werden und die Kehrseiten dazu gezeigt in Trägheit, Faulheit, niederer Sinnlichkeit. Das andere Stück der Moral ist immer gewesen, daß der Mensch nicht meint, er sei allein in der Welt, sondern sich als einer neben und unter vielen ihm gleichen fühle. Gerade dies Bewußtsein, daß man mit Andern zusammenlebe und Rücksicht auf einander nehmen müsse, ist im Volke immer verbreitet gewesen; was Hilfe in unmittelbarer Noth betrifft, so läßt z. B. der gewöhnliche Mann nicht leicht einen andern hungern, wenn er ihm Brod geben kann, fragt selbst oft nicht danach, ob der Leidende nicht seine Lage selbst verschuldet habe. Daß der einzelne Mensch und das einzelne Kind an der Entwicklung seiner Kräfte, an seiner Thätigkeit und deren Erfolg Freude habe, ist durchaus zu billigen und zu befördern. Es ist das die sittliche Selbstliebe. Wie wir wünschen, daß die einzelnen Menschen für sich und im Zusammenleben mit anderen seien, was wir so an ihnen billigen würden, das dürfen wir auch an uns selber billigen. Was wir von andern fordern als Einzelnen und im Zusammenleben, das ergiebt den Begriff der Pflicht. Alle diese Begriffe sind nicht schwer beizubringen und mögen durch passende Erzählungen einfachster Art verdeutlicht werden. Nur müssen alle diese moralischen Unterweisungen auf dem Standpunkt stehen, welcher der allein wissenschaftliche ist, daß nämlich der Mensch nicht reiner Geist ist. Der Mensch ist zwar Geist, aber erfahrungsmäßig mit einem Leibe verbunden und unter den Bedingungen der irdischen Verhältnisse stehend. In diesem Leibe und in diesen irdischen Verhältnissen soll das höhere Geistige die Leitung und Herrschaft haben. So kommt eine Moral heraus, die sehr hoch ist, sehr ernste Anforderungen stellt, aber von allem Überspannten frei bleibt. Das Letztere ist überaus wichtig. Sowie man an Kinder Anforderungen stellt, die sie ihrer ganzen Art nach gar nicht erfüllen können, so betrachten sie die Moral als etwas, was sie zwar mit großer Andacht anhören, das aber auf sie gar keinen Bezug habe, und machen sich ihre Moral daneben. Wie sehr dies im Volke verbreitet ist, davon werden wir später ausführlich zu handeln haben. Vor allem ist auch darauf zu achten, daß die Kräfte für das, was gefordert wird, ausreichen. Überanstrengung ist das Falscheste, was man im moralischen Interesse fordern kann. Überanstrengung kann gelegentlich ertragen werden, die Verhältnisse können sie mit sich bringen, auch einmal beim 10jährigen Kinde, aber dann muß eine Zeit um so größerer Ruhe folgen, sonst tritt Erlahmung der gesammten Kräfte ein, es wird besten Falls alles schlaff und freudlos gethan. Es handelt sich aber gerade darum, die Kräfte nicht nur zu erhalten, sondern auch durch die Uebung freudvoll zu mehren.

Auf die kindliche Art muß dabei insofern Rücksicht genommen werden, als man insbesondere der Selbsthilfe, wo sie angebracht ist, nicht entgegentritt. Wenn man die Menschen erst dahin gebracht hätte, auf alle Selbsthilfe zu verzichten, so würde etwas sehr Trauriges aus ihnen. Auch wir, die als Erwachsene im Großen und Ganzen auf alle Selbsthilfe verzichtet haben, würden in klägliche Lage kommen bei der Unmöglichkeit, daß der Staat und die Gemeinde mit ihren schützenden Organen überall gegenwärtig sind, wenn man nicht wüßte, daß wir unter Umständen die berechtigte Selbsthilfe würden eintreten lassen. Ist also ein Schulknabe da, der die andern gern muthwillig angreift, so ist durchaus nicht zu verlangen, daß diese fliehen oder sich ruhig durchprügeln lassen, sondern wenn die Angegriffenen sich zur Wehr setzen, so sind sie dafür zu loben. Nur muß das so gehandhabt werden, daß nicht täglich unterwegs förmliche Wettkämpfe aufgeführt werden, blos um die gegenseitige Kraft zu zeigen, sondern es muß wirklich Nothwehr vorliegen. Aber dieser Zug zur Selbsthilfe, wie auch die jugendliche Offenheit im

Gebrauch des richtigen, wenn gleich affectvollen Wortes, darf nicht princi=
piell unterdrückt, sondern muß nur in die richtigen Wege geleitet werden.
Von Religionsunterricht war bis jetzt nicht die Rede, was um so
mehr auffallen kann, als nach dem Früheren ein Merkmal der modernen
Civilisation die Freiheit der religiösen Überzeugung ist, das friedliche
Nebeneinanderbestehen mehrerer religiöser Gemeinschaften. Thatsächlich
nimmt bei uns in den Volksschulen die Religion eine große Stelle ein,
wenn es auch kaum mehr so ist, wie früher, daß sie das Ein und Alles
der Volksschule ist. Wie wird es mit der Religion bei uns stehen,
wenn wir uns die Schule so verwirklicht denken, wie wir sie bis jetzt
angesetzt haben? Darauf diene zur Antwort: in diesem Fall ist durch=
aus zu erwarten, daß in dem Knaben ganz von selber das entsteht, was
man das religiöse Gefühl nennt, auch wenn er gar keinen Unterricht in
Religion hätte. Denn wenn seine Kräfte in der angegebenen Weise ge=
weckt und geübt werden, und das Gefühl des Gelingens sich einstellt,
so wird der Welt gegenüber ein Gefühl dankbarer Freudigkeit entstehen.
Es wirken auf ihn eine Menge Agentien, die er nicht durchschaut, und
die ihm daher den Gesammteindruck einer wohlthätigen Macht erwecken.
Wie seine Eltern über ihn wachen und für ihn sorgen, wie ihr Auge
die Kinder behütet, auch wenn sie es nicht vor sich haben, so wird, je
mehr ihm das Gefühl des Gelingens und Behagens von da aus ent=
steht, ihm der Eindruck kommen, daß in der Welt eine Macht sei, die
gleichsam gütig fürsorge für ihn und die anderen. Zu allen Zeiten,
unter allen Völkern hat sich dies in gleicher Weise herausgebildet, und
dies religiöse Gefühl ist unzweifelhaft etwas ganz Natürliches, in jedem
Menschen von selbst Entspringendes.

Ehe wir die Frage beantworten, ob sich an das religiöse Gefühl
ein darauf bezüglicher Unterricht anschließen soll, wollen wir in Er=
wägung ziehen, wie der ganze bisher entworfene Unterricht in Bezug auf
Bücher soll geführt werden. Praktische Kenner der Volksschule haben
wiederholt davor gewarnt, viele Bücher einzuführen, auch nicht für jeden
Unterrichtsgegenstand ein eigenes Buch. Es hat das für die Schüler
etwas Zersplitterndes; sie müssen einen Mittelpunkt haben, zu dem sie
immer wieder zurückkehren, und der ihnen alles lebendig vor die Seele
hält, womit sie sich beschäftigen. So wird sich empfehlen, daß nach
dem ABC=Buch, wenn erst das Lesen gelernt ist, ein oder zwei Bücher
den Grundstock bilden, in dem alle Hauptkenntnisse enthalten sind, die
gelernt werden sollen, und an den sich der Unterricht des Lehrers er=
äuternd, eventuell erweiternd anschließt, so daß dieses Buch sich ihnen

fest einprägt und ihnen für immer ein Anhalt bleibt. Abgefaßt muß das Buch in einem Tone sein, der volksthümlich und klassisch zugleich ist, etwa nach dem Vorbild von Hebel und Claudius, nur daß die Naturbetrachtungen nicht unmittelbar eine religiöse Wendung nehmen, wie manchmal bei diesen. Es gehört zu solcher Abfassung ein eigenes Talent, aber allmählich könnte wohl so ein Buch gelingen.

In diesem Buch müßte auch ein Abriß der Hauptreligionen stehen; er müßte in den einzelnen Stücken so abgefaßt sein, wie die betreffende Religion sich selber darstellt, also auch so vortheilhaft, wie dieselbe nur sich selber geben kann. Aber es müßte darauf gehalten werden, daß da immer stände: „wir glauben", „das ist unser Glaube". (Eigentlich meinen die Religionen es immer so, es wird nur im Sprachgebrauch vergessen, so daß man kurzweg sagt: „das ist so", aber in den Folgerungen macht das nachher einen ungeheuren Unterschied. Da es mehrere Religionen bei uns giebt, so muß auch eine ganz sachgemäße Kunde davon da sein, was jede von ihnen lehrt; es hat aber nichts gegen sich, daß auch von den Religionen, die bei uns nicht sind, ein kurzer Abriß in dem Buche steht.

Indem wir uns der Frage zuwenden, ob ein Religionsunterricht in der Weise auf der Volksschule stattfinden soll, wie das bisher der Fall war, müssen wir bei der grundlegenden Wichtigkeit der Frage langsam und umständlich zu Werke gehen. Zunächst ist zu behaupten, daß eine intellectuelle und moralische Erziehung statthaben kann ohne offenbarte Religion. Es ist das selbst die Ansicht derjenigen geoffenbarten Religionen, die bei uns als Kirchen verbreitet sind. Was man im vorigen Jahre so oft gehört hat, es könne keine Moral ohne offenbarte Religion geben, das hat gerade das Christenthum in seinen verschiedenen Kirchen nie behauptet. Der Katholicismus, dessen anerkannter Vertreter philosophisch und theologisch Thomas von Aquino aus dem 13. Jahrhundert noch heute ist, führt ein sehr großes natürliches, d. h. ohne Offenbarung erlangbares, Wissen aus und giebt eine sehr ausgeführte natürliche Moral, mit der die irdische Glückseligkeit erreicht werde, etwa in der Weise, wie sie bei Griechen und Römern bestanden hat; nur für die ewige Seligkeit ist die Ergänzung durch die Offenbarung gefordert. Was den Protestantismus betrifft, so steht ausdrücklich in der Apologie der Augsburger Confession, daß in Bezug auf die philosophische oder bürgerliche Gerechtigkeit auch die Protestanten anerkennen, daß sie der Vernunft unterworfen sei und einigermaßen in des Menschen Vermögen stehe. Aus der Zeit des Bauernkrieges lautet eine

Stelle von Luther wörtlich: „Wollte Gott, wir wären das mehrere Theil gute fromme Heiden, die das natürliche Recht hielten, ich schweige des christlichen", und Luther hat wiederholt die Griechen und Römer als in bergleichen den damaligen Christen überlegen hingestellt. Also an und für sich ist es gar nicht gegen die Lehre des Christenthums, daß es intellectuelle und moralische Bildung ohne offenbarte Religion geben kann; nur die ewige Seligkeit kann nach den christlichen Kirchen nicht auf bloß natürlichem Wege, ohne Offenbarung erlangt werden.

Wie verhält sich aber Religion als offenbarte zu dem religiösen Gefühl, von dem oben als in einem normalen Kinde sicher entspringend ist geredet worden? Es gilt nicht, darüber unsere Meinung zu sagen, sondern zu vernehmen, was hervorragende Anhänger der Religion selber, die zugleich auch wissenschaftlich durchgebildet waren, darüber geäußert haben. Die offenbarten Religionen haben stets an das natürliche religiöse Gefühl angeknüpft, außerdem aber an den Umstand, daß, wie Macaulay, ein liberaler, aber durchaus christlich gesinnter Mann, es einmal ausgedrückt hat, was das natürliche Erkennen dann über Gott und sein Verhältniß zur Welt herausbringt, bei den größten Geistern nicht viel mehr ist, als bei den niebrigsten Intelligenzen. Darum ist es nach demselben nicht befremdlich, wenn selbst große Forscher, müde des bloßen Suchens, sich Lehren in die Arme geworfen haben, welche mit fester und unerschütterlicher Überzeugung eine übernatürliche Offenbarung zu besitzen glaubten. Dieser Trieb, etwas Bestimmtes da zu wissen, wo sich zunächst bloß Gefühle, Stimmungen einstellen, ist es, woran die offenbarten Religionen stets angeknüpft haben, hier war ein Bedürfniß, dem sie entgegenkamen.

Dazu kommt nach ein Anderes. Es giebt, wie es ein katholischer Theologe der Neuzeit, freilich ein von der Kirche excommunicirter, der aber sehr eifrig Christenthum und Wissenschaft zu versöhnen trachtet, einmal ausgedrückt hat, eine doppelte Wahrheit, eine, welche so viel ist, wie Darstellung der Wirklichkeit oder Thatsächlichkeit, das ist die Wissenschaft, und eine, welche so viel ist, wie Idealität oder Vollkommenheit. Da wir nun diese Idealität oder Vollkommenheit, die wir uns sehr leicht ausmalen können und an der unser Herz gern hängt, in der Wirklichkeit nicht finden, so entsteht der Gedanke, daß sie im Hintergrunde der Wirklichkeit oder nach der jetzigen Wirklichkeit sei oder sein werde. Diesem Gedanken kommen dann wieder die offenbarten Religionen entgegen.

Das sind die Gründe, warum offenbarte Religionen immer ein Bedürfniß waren. Dabei ist das Eigenthümliche, daß die Religion, auch die offenbarte, in jedem Menschen etwas Individuelles annimmt. Wie es La Bruyère ausgedrückt hat, so obenhin kann man sagen, ein Land hat eine Religion; wenn man aber näher zusieht, so hat es viele, und eigentlich hat jeder Einzelne seine eigene Religion.

Hören wir nun einige Männer über Religion, welche tief gläubig, aber zugleich von wissenschaftlicher Durchbildung waren. Wir nehmen zuerst Pascal, dessen pensées nicht blos auf die katholische Welt, sondern auch auf die protestantische bis heute einen sehr großen Eindruck gemacht haben. Nach Pascal ist der eigentliche Sitz der Religion das Herz, nicht der Verstand, oder, wie er es auch ausdrückt, die größten Heiligen haben behauptet, man müsse die göttlichen Dinge lieben, um sie zu erkennen, oder, wie er auch sagt, Jesus, Paulus, Augustin unterrichten nicht, sie erwärmen (échauffer), sie nehmen immer den Weg des Herzens. Gott ist das Wesen, das wir allein voll und ganz lieben können, das unser ganzes Bedürfnis nach Liebe und Vollkommenheit erfüllt und befriedigt. Indem er so die Religion an die Idealität oder Vollkommenheit anknüpft, fragt er sich aber als wissenschaftlicher Mann: wie steht es mit der Erweisbarkeit? Da gesteht er rundweg: wissenschaftlich oder nach der Vernunft ist es unbegreiflich, daß Gott sei, und unbegreiflich, daß er nicht sei (incompréhensible que Dieu soit et incompréhensible qu'il ne soit pas). Daraus folgert er: man muß an Religion glauben, man kann hier nicht wissen, und das läßt die Möglichkeit offen, daß, indem man das Christenthum im Glauben annimmt, man sich täuscht. Er tröstet sich darüber mit den Worten: für den Tugendhaften macht das wenig aus, er würde doch nicht viel anders leben als der Christ; aber welch ein Irrthum, wenn das Christenthum Wahrheit wäre! Diese merkwürdige Wendung, vollkommen einzusehen, daß, weil Glaube nicht Wissen ist, er die Möglichkeit einschließt, daß sein Inhalt sich nicht in der Zukunft realisiren wird, ist nicht bloß ein individueller Einfall von Pascal, er findet sich auch bei La Bruyère, dem Verfasser der caractères. Auch nach ihm wurzelt die Religion im Herzen, wie er einmal sagt: man muß wünschen, daß Gott sei, schon um Jemand zu haben, an den man von den Urtheilen der Menschen appelliren kann. Er schreibt nun ausdrücklich: selbst wenn die Religion eine Dichtung wäre, so würde religiös zu sein das bessere Theil sein.

Bei uns war Schleiermacher ein Mann von tiefer Religiosität und höchster wissenschaftlicher Durchbildung. Religion ist ihm ein Suchen des Lebens, welches nur Ruhe findet in der Einheit eines unendlichen alles produzirenden Lebens (Psychologie, herausgegeben von George).

Es ist das mehr die Formulirung des religiösen Gefühls, das durch die Weltordnung in uns entstehen kann — „die Erregung des Gefühls durch das Universum als solches ist Religion" (Schleiermacher, Philosophische Ethik) — und zugleich mehr der Ausdruck der pantheistischen Richtung, wie sie die absolute Philosophie gehabt hat.

Kant war freilich kein Theologe und kein Mann des Kirchenglaubens, da aber jetzt in der Theologie sehr viel an ihn angeknüpft wird, so betrachten wir ihn einen Augenblick. Seine Auffassung der Religion ist im Ganzen mit der Pascal's übereinstimmend. Er glaubt oder fordert Gottes Dasein, weil unsre moralische Vernunft Übereinstimmung der Tugend und Glückseligkeit verlangt und diese im gegenwärtigen Leben nicht gegeben sei. Durch Gott müsse in einem künftigen Leben diese Ausgleichung kommen. Wenn man dies so denke, so werde man freudiger zum moralischen Thun; andernfalls entstehe leicht eine Ermattung des moralischen Strebens, mit dem man ja nicht immer viel erreiche. Daher sei der moralische Gottesglaube selbst ein Akt der Pflicht, obwohl theoretisch nicht beweisbar.

Ganz ebenso spricht sich einmal Guizot aus, der französische Staatsmann und Historiker, um auch einen französischen Protestanten zu hören. Nach ihm giebt es in der Welt Probleme, deren Lösung außerhalb dieser Welt (hors de ce mondo) liegt, die aber der menschliche Geist durchaus gelöst haben will und darum zum religiösen Glauben greift, der sich wenigstens schmeichelt, die Lösung zu haben. Guizot war bekanntlich sehr strenger Protestant, da er aber zugleich ein wissenschaftlicher Mann war, so blieb ihm nicht verborgen, was der Glaube, intellectuell betrachtet, für ein Risiko auf sich nimmt.

Wenn nun das Religion ist, nach den Männern, die selbst religiös und wissenschaftlich zugleich waren, so entsteht die Frage: wie kann eine solche Religion dem Kinde zugeführt werden? Keinem Zweifel kann es unterliegen, daß der Religion in dem hohen wagenden Sinne das Kind nicht gewachsen ist. Diejenigen, die über den religiösen Volksunterricht Beobachtungen angestellt und günstig geurtheilt haben, gestehen doch zu, daß in Wirklichkeit eine mehr verstandesmäßige Auffassung des Christentums angeeignet werde, und die Pädagogen der Volksschule haben darauf hingewiesen, daß die christlichen Lehren ein so tiefes Gefühl und so mannichfache Lebenserfahrung erfordern, daß ein 14—15 jähriger Knabe oder ein 12.—13 jähriges Mädchen denselben keineswegs gewachsen ist, daß es vergeblich wäre, die Kinder zu Christen in dem Sinne zu machen, den die kirchliche Lehre mit einem Christen meint.

Diese Männer haben dann den Rath gegeben, zwar die christliche Lehre den Kindern den Grundzügen nach zuzuführen, aber von vornherein darauf zu rechnen, daß erst im späteren Leben die eigentliche Wirksamkeit dieser Lehren eintreten wird, sie also wohl damit bekannt zu machen, aber von dem Versuche abzustehen, sie sollten etwas voll auffassen, wofür ihre Erfahrung und ihr Gefühlsleben noch nicht reif ist.

Wünschenswerth ist, daß in diesem Sinne ein kirchlicher Unterricht allgemein stattfinde; denn hätte er nicht statt, so würde wahrscheinlich viel Übleres erfolgen, es würde in vielen Gemütern sich eine wildwachsende Religion aufthun, wie man in früheren Jahrhunderten öfter die Erfahrung gemacht hat, daß, wenn einer ohne Unterricht in diesen Dingen aufwuchs, er nicht etwa bessere Begriffe zeigte, als kirchlich zugeführt werden, sondern verworrene, abergläubische und rohe. Nur ist den Kirchen bei diesem Religionsunterricht zu empfehlen, den Boden für Religion mehr blos zu bereiten, damit später die gelegte Saat aufgehen kann, zunächst aber auf eine ernste Auffassung des Lebens hinzuwirken.

Ein Zwang zum Religionsunterricht soll nicht stattfinden. Wollen Eltern ihre Kinder am Religionsunterricht nicht theilnehmen lassen, so verzichtet die Schule oder die Kirche, die ihn etwa dort ertheilt, auf denselben diesen Kindern gegenüber. Ein erzwungener Religionsunterricht hätte keinen Werth; wenn zu Hause das, was die Schule gelehrt hat, kritisirt wird und wahrscheinlich in einer unverständigen Weise kritisirt wird, selbst ohne alle historische Achtung vor den religiösen Erscheinungen, so ist es besser, wenn die Schüler zunächst lieber keinen Unterricht darin haben. Bei unserem Entwurf des Volksschulwesens ist schon dafür gesorgt, daß ein moralischer Unterricht unabhängig von den positiven Religionen vorhanden ist, und daß in dem Lesebuch ein Abriß des Glaubens der verschiedenen Kirchen steht, so, wie sie selber diesen Glauben angeben. Das ist aber alles, was die Schule thun kann, wenn sie nicht einen verkehrten Zwang ausüben will.

Wer soll diesen Religionsunterricht ertheilen? Auf diese Frage ist schlechterdings zu antworten: den muß die Kirche durch ihre Geistlichen ertheilen. Religion kann nur jemand lehren, von dem man fest überzeugt ist, daß er freiwillig diesen Platz einnimmt, ohne irgend welchen äußeren Zwang. Das kann man von den Dienern der Kirche stets annehmen; es wird niemand Geistlicher, wenn er nicht die Religion im weiteren Sinne des Wortes gläubig aufnimmt. Von dem Lehrer, der zunächst einen ganz anderen Betrieb hat — denn selbst auf den

bestehenden Volksschulen nimmt der Religionsunterricht immer nur einige
Stunden in der Woche ein, selbst wenn es 5 oder 6 sind —, der also
eine Menge ganz anderer Dinge treibt, von dem kann nicht verlangt
werden, daß er zugleich auch eine solche Stellung zum religiösen
Glauben einnehme, wie man es von einem Geistlichen voraussetzen
kann. Im Interesse der Religion selber ist dies durchaus zu fordern
und hat auch gar keine Schwierigkeit für die Schule, die bleibt in
allem anderen Unterricht von dem Geistlichen frei. — In Frankreich
ist der religiöse Unterricht auf einen besonderen Tag verlegt und von
der Schule ganz getrennt. In Nordamerika darf gar kein Religionsunterricht in den öffentlichen Volksschulen stattfinden; das Land ist
bekanntlich sehr religiös, aber im Interesse der religiösen Freiheit wird
der Religionsunterricht von jenen Schulen ferngehalten. In Australien,
wo sonst mehr die englische Art herrscht, wird Religionsunterricht doch
von den öffentlichen Schulen ferngehalten und ist auf den Sonntag
verlegt, weil er ganz und gar Sache der Kirche sei. Aber es ist nicht
abzusehen, warum man diese Beispiele nachahmen soll, der Geistliche
kann den Religionsunterricht auch in den Schulen selbst ertheilen.

Dafür, daß die Lehrer frei vom Religionsunterricht gehalten werden,
ist noch anzuführen, was die Kirchen so oft vergessen, daß die religiösen
Dinge immer in einer gewissen Entwicklung begriffen sind, auch bei uns
heute, und daß man daher niemand zum Unterricht in der Religion
herbeiziehen soll, der nicht diese Entwickelung so weit durchgemacht hat
und fortwährend mit durchmacht, daß er selbständig eine bestimmte
Stellung einnimmt. Ich will nur auf Einiges hinweisen. In München
lebt ein katholischer Theolog und Philosoph, Froschhammer, der sein
Leben lang sich müht, Christenthum und moderne Wissenschaft in Ein-
klang zu bringen. Er ist deshalb von seiner Kirche längst excommunicirt;
denn es schien ihm das nicht ausführbar, ohne daß man sehr viel vom
Alten und vom Neuen Testament aufgebe, wobei er doch die Grundgedanken des Christenthums glaubte festzuhalten, nämlich daß die ideale
Wahrheit Ausgangspunkt und Ziel der Welt sei, und das, was wir
thatsächliche Wahrheit in den Wissenschaften nennen, nur ein Durch-
gangspunkt. Aber er gesteht selber ein, beweisen könne er das nicht,
er könne nur zeigen, daß eine solche Versöhnung von Wissen und Glauben
nicht unmöglich sei. Dabei erklärt er rundweg, daß an die Stelle des
kirchlichen Glaubens in Zukunft treten werde Sehnsucht nach dem Göttlichen und Hoffnung auf dasselbe, aus beiden vereint Liebe zu demselben.
Was sich gerade im Augenblick für eigenthümliche Richtungen noch anderer

Art hervorthun, davon ist Leo Tolstoi, der russische Schriftsteller, ein Beweis. Seine religiösen Auffassungen sind neuerdings durch die Reklamsche Volksbibliothek verbreitet. Tolstoi will das Evangelium festhalten. Er erklärt, sein früheres Leben, das ein Leben der vornehmen Welt war, aber ernst und wissenschaftlich, sei ihm unerträglich geworden, er hätte es nicht weiter führen können, ohne zum Selbstmord zu greifen. Da sei ihm aufgegangen, daß das wahre Leben das Leben in der Liebe für Andere sei, und so sei er zum Evangelium geführt worden. Er weiß nun, daß die evangelischen Schriften von der alten Kirche nach und nach aus einer größeren Anzahl ausgewählt worden sind, daß es also viele andere gab, die wir nicht mehr kennen; so fühlt er sich berufen das Evangelium umzuschreiben, wie er sich denkt, was eigentlich die Hauptsache in ihm wäre und das, was ewige Gültigkeit habe. Gott ist nach ihm der Urgrund alles Lebens, aus dem unser geistiges Leben fließt. Wir können erkennen, daß das Leben in der Liebe das Höchste und zu Gott Zurückführende ist. In diesem Leben für den Nächsten und in der Liebe zu Gott lebte Christus; darum ist er der Sohn Gottes und theilte dies Leben auch den anderen mit. Daß dies Leben das wahre ist, das kann jeder an sich selbst erfahren, der es ergreift. Tolstoi nimmt aus dem Evangelium auf die Armuth, die Verträglichkeit, das Ertragen von Beleidigungen, die Unterwürfigkeit unter die Oberherrlichkeit des Staates, seine Gebote und seine Taxen, und hat dabei natürlich den russischen Staat vor Augen; er streicht die Wunder. Daß die Lahmen gehen, geschieht dadurch, daß der Geist sich mächtig erweist. Das Speisungswunder erklärt er so, daß Christus und seine Jünger das Ihrige mittheilen, darauf theilen die Anderen das Ihrige auch mit, und so werden alle gesättigt. Daß der Blinde sehend wird, heißt nach ihm, der geistig Verdunkelte gewinne Erleuchtung im Christenthum. Die Auferstehung kommt bei ihm gar nicht vor. Das Ganze, wenn wir es auf einen wissenschaftlichen Ausdruck bringen sollen, ist gleichsam die Erneuerung der „Anweisung zum seligen Leben" von Fichte, ohne daß vielleicht der Graf das Büchlein von Fichte kennt.

Man ersieht, was da beständig für Umwandlungen und Versuche vorkommen. Um als religiöser Lehrer aufzutreten, dazu gehört eine theologische Bildung, die sich über viele Jahre erstreckt hat, so daß der einzelne seine Stellung nehmen und behaupten kann. Den Volksschullehrern, die so vieles Andere zu thun und überwiegend anderen Unterricht zu ertheilen haben, muß man Kämpfe, die auch im späteren Leben des einzelnen Geistlichen nie fehlen, auch im Amt nicht, durchaus ersparen.

Gewöhnlich werden die Volksschulen von Staat und Gemeinde gegründet und unterhalten werden, denn es ist ein allgemeines Interesse, daß jeder künftige Bürger gewisse Kenntnisse und Fertigkeiten zu seinem Fortkommen habe und in gewisse Gesinnungen eingeführt sei. Aber daneben muß die Freiheit gewährt sein, daß auch Private Volksschulen einrichten und führen. Besondere geschichtliche Verhältnisse können in einem einzelnen Staate das momentan unerwünscht machen, aber da muß man in anderer Weise helfen. Herrschsüchtigen Kirchen gegenüber verbiete man Geistlichen und Ordensgenossen, Schulen zu halten, aber Weltlichen derselben Konfession gestatte man es, wenn sie nur den allgemeinen Bedingungen der Volksschule entsprechen. Unterrichtsfreiheit ist unerläßlich für das Gedeihen der Schulen und ihre zeitgemäße Fortbildung. Die Pädagogen sind darüber nie im Zweifel gewesen und haben stets darauf hingewiesen, daß das Hallesche Waisenhaus eine Volksschule war und eine Privatanstalt, die Schule in Rekahn, Pestalozzi's Schule in Ifferten Privatanstalten waren. Auch bei den höheren Schulen sind Privatanstalten von großer Einwirkung gewesen, das Philanthropin in Dessau, Schnepfenthal bei Gotha. Privatanstalten bieten allein genialen pädagogischen Naturen die Möglichkeit, das Vertrauen der Eltern zu neuen Versuchen zu gewinnen. Staat und Gemeinde müssen sich an das halten, was schon einigermaßen bewährt ist. Wo bewährte Privatversuche fehlen, bei reinen Staatsschulen, treten die unbehaglichen Zeiten ein, unter welchen Schüler und Lehrer so sehr leiden, daß ein Gefühl von Mängeln sich bildet ohne rechte Abhülfe; diese muß dann doch von Privatversuchen kommen, wenn nicht ein Sprung ins Dunkle soll gemacht werden.

Bei allem, was bis jetzt von der Volksschule gesagt ist, ist immer von Knaben gesprochen worden, aber viel anders braucht es auf den Mädchenschulen nicht zu sein. Namentlich muß bei ihnen nicht bloß Unterricht in weiblichen Handarbeiten gegeben werden, sondern von dem Handfertigkeitsunterricht, den die Knaben erhalten, ist vieles auch den Mädchen zugänglich. Auch der naturwissenschaftliche Unterricht darf nicht fehlen, er muß nur die technische Wendung nehmen, welche dem Mädchen näher liegt. Warum Wäsche überhaupt trocknet, kann ihnen physikalisch gut auseinander gesetzt werden, und daran mögen sich allgemeine Betrachtungen anschließen. Warum Feuer Luft nöthig hat zum Brennen und in welchem Verhältniß, kann erklärt und daran Allgemeines angeschlossen werden. Daß, wenn Wasser kocht, es sehr unnütz ist, es gewissermaßen noch mehr ins Kochen bringen zu wollen, weil es gar nicht über die 80 Grad R. oder 100 C. hinausgeht, sondern sich nur in Dampf verwandelt, giebt ein lehrreiches Kapitel mannigfachen Inhalts. Wie man Kohlenstücke aufzustellen hat, damit sie rasch ins Brennen gerathen, kann aus den Schichten der Kohlen, die noch erkennbar sind, beigebracht werden und Anlaß zu lehrreichen physikalischen und chemischen Betrachtungen geben.

Wir haben die Volksschule sehr ausführlich betrachtet, gerade weil die Gebildeten oft vergessen, daß sie das Allerwichtigste ist. Aus ihr gehen nach Macaulay's Wort „die achtbaren, fleißigen und gottesfürchtigen Landbauer und Handwerker hervor, welche die eigentliche Stärke einer Nation sind." Da ist also die Frage, wie ihr Unterricht einzurichten sei, damit sie achtbare, fleißige, gottesfürchtige oder ernste Naturen werden, von der allergrößten Wichtigkeit.

Nachdem wir die Volksschule als erste elementare Einführung in die moderne Civilisation entworfen haben, wollen wir uns noch etwas umsehen, wie sie jetzt thatsächlich beschaffen ist. Vielleicht können uns von daher noch allerlei nützliche Winke für unseren eigenen Entwurf kommen. Ich werde dabei verschiedentlich auf zwei Bücher zurückgreifen, die ich vorher kurz charakterisiren will. Das eine hat den Titel: „Zur bäuerlichen Glaubens- und Sittenlehre", ist 1890 in zweiter Auflage erschienen und von einem Thüringer Landgeistlichen verfaßt, der 30 Jahre im Amt stand und seine sehr eingehenden Erfahrungen mittheilt, immer einschärfend, daß sich das Gesagte auf die dortigen Verhältnisse beziehe und nicht den Anspruch erhebe, als müßten dieselben durch ganz Deutschland gleich sein. Wer aber sonst Kunde von diesen Dingen hat, sieht bald, daß die Grundzüge allerdings durch ganz Teutschland sehr ähnlich sind, nur in manchen Stücken, z. B. in den östlichen Provinzen, schlimmer. Das andere Buch ist rasch bekannt geworden, das von dem cand. Göhre, im vorigen Jahre erschienen, „Drei Monate Fabrikarbeiter". Es giebt viele Mittheilungen aus den Kreisen der Arbeiter, und wer davon sonstige Kunde hat, kann gleichfalls leicht constatiren, daß viel Richtiges darin enthalten ist; nur wird manchmal für neueren Datums gehalten, was schon von lange her so oder analog war.*)

Was uns zunächst interessirt, ist, daß die Volksschule in den letzten Jahrzehnten einen großen Aufschwung genommen hat, namentlich auch

---

*) Das Gleiche gilt von der Schrift: „3½ Monat Fabrikarbeiterin". Von Minna Wettstein-Adelt. 1893.

der naturwissenschaftliche Unterricht ist vermehrt worden; daß man auf den Dörfern mit großem Eifer auf alles das eingegangen ist, daß das In die Schule gehen und Für die Schule lernen überaus eifrig genommen wird, so daß viel Bleichsucht bei den Mädchen sich eingestellt hat und eine förmliche Abmagerung bei den Jungen vor lauter Eifer, daß fast gar keine Zeit übrig bleibt für landwirthschaftliche Neben= beschäftigungen der Kinder, und daß, wenn die Schulzeit vorüber ist, diese auf einmal in die Länge, Breite und Dicke wachsen.

Hier sind Zustände, die auf alle Fälle beseitigt werden müssen. Kanon muß sein, daß nur soviel gelernt wird, daß das körperliche und geistige Wachsthum sich mit einer gewissen Fröhlichkeit dabei entfalten kann. Wenn das Lernen erkauft werden muß durch Bleichsucht und Nervenschwäche, so ist der Preis zu hoch, und es muß so lange ver= mindert werden, bis dies weggeschafft ist. Wir haben in unserem Entwurf die Sache so gehalten, daß technische und praktische Be= schäftigungen stets dabei sind; sollte sich bei der Ausführung herausstellen, daß körperliches Wachsthum und Nervenkraft dabei nicht zur gedeihlichen Entfaltung kommen, so müßte unbarmherzig in allen Stücken so lange gestrichen werden, bis der Schaden beseitigt wäre. Erst muß der Mensch körperlich und auch in Nervenkraft gedeihen, dann erst kann ihm sein Lernen für die Zukunft etwas helfen.

Weiter hat sich herausgestellt, daß die Schullehrer, und zwar die tüchtigsten am meisten, sehr verzweifelt sind gerade über die vortrefflichsten Schüler; sowie nämlich die Schüler aus der Schule entlassen sind, ist es, als ob die Schule gar nicht dagewesen wäre. Jungen und Mädchen werden alsbald wie die Alten zu Haus und haben mit 15 Jahren dieselben Gedanken, Bestrebungen, Redewendungen wie die Alten, während der Lehrer gedacht hatte, aus der Jugend etwas Höheres zu machen. Für uns ist das zunächst nicht überraschend, es stimmt mit allem, was man sich aus Erfahrung und einer mit Erfahrung in Zu= sammenhang bleibenden Theorie sagen konnte. Der Mensch bildet sich stets viel mehr nach Beispielen als nach Lehren, das Beispiel des Hauses hat er unablässig um sich, Lehren und Beispiel der Schule nur in gewissen Stunden. Außerdem bildet sich der Mensch viel mehr nach den Bethätigungen, an denen er von früh an mehr oder weniger Theil nimmt; der Volksverstand insbesondere hat sich zu allen Zeiten aus den Volks= beschäftigungen entwickelt. Darum haben wir unseren Entwurf so gemacht, daß immer praktische oder technische Beschäftigungen da waren, an die sich dann das Theoretische aufklärend und einsichterweckend anschließen soll.

Aber wie ist denn die Praxis der Erwachsenen? Wir betrachten zuerst die auf dem Lande. Da stellt sich heraus, was ich früher einmal kurz angedeutet habe, daß der gewöhnliche Mann sich seine praktische Lebensauffassung und effective Moral selbständig bildet, nicht nach den Kirchensystemen, nicht nach den Schultheorien, die hört er ruhig an, sagt sie ev., ohne zu widersprechen, auch her, aber aus seinen wirklichen Verhältnissen heraus gestaltet sich eine davon oft sehr abweichende Sitte, formulirt sich in kurzen Aussprüchen, die weiter tradirt werden. Die Hauptpunkte dieser effectiven moralischen Art auf dem Lande sind: der Bauer ist durchaus utilitarisch, auf seinen materiellen Nutzen und Schaden bezieht er alles im Himmel und auf Erden, offen oder versteckt; er denkt gar nicht anders und findet durchaus nichts Anstößiges darin. Erweist er einem Anderen eine Gefälligkeit, so geschieht dies stets unter der stillschweigenden Voraussetzung, daß es ihm einmal wieder gleichgemacht werde, eben von dem andern, und dieser Andere findet das ganz in der Ordnung; wenn auch 10 Jahre darüber vergangen sind, so fühlt er sich durchaus dazu verpflichtet, vorkommenden Falls die frühere Gefälligkeit in derselben Weise zu erwidern. Der Bauer ist sehr ökonomisch, möglichst sparsam, möglichst auf Thätigkeit aus und hat mit Hülfe der rationellen Landwirthschaft den Ertrag der oft wenigen Aecker überaus zu vermehren gewußt; die dazu erforderliche Arbeit ist aber auch noch einmal so groß wie früher. — Gegen Leute, die arbeitsfähig sind, aber arbeitsscheu, ist er schlechterdings unbarmherzig, er würde ihnen nichts geben, und wenn sie bis zum Verhungern kämen. Es ist das eine Hartherzigkeit, die sehr heilsam wirken soll, denn im äußersten Fall entschließen sich solche Subjecte auf dem Lande doch noch zur Arbeit. Gegen arbeitseifrige Arme ist der Bauer sehr hilfreich, d. h. er giebt ihnen möglichst Gelegenheit, durch Arbeit etwas zu verdienen. Gegen die Gemeindeschuldner ist es durchaus Sitte, was sie nicht zahlen können, sie abverdienen zu lassen, und wenn sie mit Freuden darauf eingehen, so wird ihnen in aller Weise solche Arbeitsgelegenheit geboten. — In Bezug auf Rechtsverhältnisse unter einander liebt der Landmann nicht reine Rechnung, von Buchführung und genauer Aufzeichnung ist er kein Freund. Er liebt eine Art Mischmasch, der nachher oft, z. B. bei Erbschaftsregulirungen, zu den größten Verwicklungen führt. Von dem Werth fester Preise hat er keine Ahnung, er will immer handeln, immer etwas abfeilschen. — Was Gesundheit angeht, so hat er keine Vorstellung von dem Inneren des menschlichen Körpers und keine Einsicht in die richtige Behandlung des Körpers zum Zweck der

Gesundheit. Kaltes Wasser flieht er für sich und hält es seinen Kindern fern. Daß eine Speise, die einem wohlschmeckt, schädlich sein könne, ist ihm nicht beizubringen. Die Gesundheit ist auf dem Lande durchaus nicht so verbreitet, wie wir glauben; es giebt dort wenige Leute über 30 und 40 Jahre, die eigentlich gesund wären. — Trotz ihrer Ökonomie wissen die Frauen nicht aus Wenigem und Geringem gute Speisen herzustellen, so daß in dieser Beziehung noch große Verschwendung herrscht. — Arbeit schätzt der Bauer, soweit sie materiellen Vortheil bringt; thut sie das nicht, so sieht er sie als eine bloße Last an. Er nennt auch nur körperliche Thätigkeit Arbeit. Studiren ist ihm keine Arbeit, das sind ihm „Gaben", die er sehr respektirt, aber daß das Mühe mache und mit der körperlichen Arbeit in Werthvergleich gesetzt werden könne, leuchtet ihm nicht ein. Je mehr die Bildung auf dem Lande verbreitet wird, desto mehr entsteht eine Abneigung gegen schwere Arbeit, auch bei den Frauen. — In eine andere als seine bäuerliche Denkweise vermag sich der Landmann schwer zu versetzen, er kann sich, wie gesagt, nicht darein finden, wie jemand Arbeit thut, wenn er nicht muß, oder sie ihm keinen materiellen Vortheil bringt. Selbst das Arbeiten aus Ehrgeiz ist ihm meist etwas Unfaßbares. Daß aus höherer Sittlichkeit etwas geschieht, leuchtet ihm wenig ein; wenn die Pfarrersfrau die Kranken besucht, so faßt es der Bauer lediglich so auf, daß sie gern auch einmal ein Schwätzchen halte. — Was die sexuellen Verhältnisse betrifft, so ist bekannt, daß auf dem Lande von Alters her die Sitte herrscht, daß, wenn zwei förmlich verlobt sind, sie auch geschlechtlichen Umgang mit einander haben. Vor der förmlichen Verlobung wurde es vermieden, bis auf eine Probe, ob beide geschlechtlich zu einander paßten. Die förmliche Verlobung selbst fand gewöhnlich zugleich mit dem ersten Aufgebot statt. Bei den Landwirthen, d. h. den selbstständigen Bauern, wird an dieser Sitte noch mehr festgehalten, mindestens haben unter solchen nur zwei mit einander Verkehr, die entschlossen sind sich zu heirathen und ihren Güterverhältnissen nach zu einander passen, also auf Einwilligung der Eltern zur Heirath rechnen können. Unter den Tagelöhnern dagegen hat die frühere Sitte dazu geführt, daß kaum confirmirte Jungen und Mädchen sich geschlechtlich mit einander abgeben, sich gar nicht dreinreden lassen, die Eltern auch gar nichts dabei finden; hat es Folgen, so kann man ja, wenn man sonst will, einander nehmen. — Die Ehen werden bei den Bauern noch streng und im Ganzen friedlich gehalten. Was Kinder betrifft, so ist das Ein- und Zweikindersystem thatsächlich sehr verbreitet; man hat Anweisungen, Leibesfrucht zu verhindern. Die Erziehung ist gut, nur gegen die kleinen Kinder herrscht Affenliebe, nachher wird mit Strenge und mit Liebe verfahren, und vor allen Dingen danach gestrebt, daß die Kinder es höher bringen als die Eltern. Es ist das Bewußtsein da, daß die meisten Menschen so bleiben, wie die Erziehung sie gemacht hat. — Sehr groß ist auf dem Lande die Selbstgerechtigkeit, sie wollen immer gelobt sein; diese Selbstgerechtigkeit waltet auch im Religiösen. Die Religion des Bauern ist wesentlich alttestamentlich; sie thun das Ihrige gegen Gott, dafür erwarten sie, daß der liebe Gott mit ihnen zufrieden ist und es ihnen in äußerem Wohlstande vergilt. — Tugend ist dem Bauer Treue gegen die angewöhnte Sitte, sie mag einen Inhalt haben, welchen sie wolle; wenn etwas alle so machen und es herkömmlich ist, so sehen sie nicht ein, wie man etwas dagegen haben könne. — Die Kirche wurde auf dem Lande lediglich als Staatsgebot betrachtet, und seitdem sie das nicht mehr ist, ist das kirchliche Wesen im Verfall. Die einzige Hoffnung des Geistlichen aus Thüringen ist, daß es einmal zur freien Kirche komme, die dann freilich nicht mehr Volkskirche sein werde, sondern wo eben die nur noch zur Kirche gehören, die einen freiwilligen Anschluß suchen. Dadurch, meint er, werde die Kirche auch wieder Macht und Disziplin über ihre Mitglieder gewinnen, wie jeder Verein das habe, während jetzt die Bauern sich höchlichst wunderten, wenn der Geistliche unter Christenthum etwas Anderes verstände als eine weichliche Liebe, welche alle Fehler bedecke und nichts ernstlich rüge.

Was die Fabrikbevölkerung anbetrifft, so ist das Wichtigste und für uns Lehrreichste dies. Es ist unter ihr viel Talent; es treten in ihren sozialdemokratischen Vereinen Redner auf, so geschickt, gewandt, ihrer Sache so sicher, daß wenig Gebildete ihnen hierin gleichkommen würden. Die Arbeiter haben sich die Wissenschaft popularisieren lassen, oder sie ist für sie popularisiert worden, freilich wesentlich die Wissenschaft als Gesammtauffassung, also der Darwinismus, wie er vielfach schon auf die ganze Welt ist ausgedehnt worden, der Materialismus, der Pessimismus, vor allem der Pantheismus. Daß die Arbeiter so sehr auf den achtstündigen Arbeitstag bringen, hat bei vielen den Grund, daß sie Zeit haben möchten, sich auch wissenschaftlich aufzuklären und zu belehren; namentlich unter den Arbeitern von gegen und über 30 Jahren ist dieser Trieb nach mehr Bildung sehr verbreitet. Außerdem streben sie nach größerer sozialer Gleichheit; sie wollen soviel geachtet sein wie der Bürgerstand. — Die Fabrikjugend ist meist sehr vergnügungssüchtig, rechnet nicht strenge, geht meist in ihren Genüssen über das hinaus, was sie nach ihrem Wochenverdienst auf einmal aufwenden sollte. — Die sexuellen Verhältnisse sind wie auf dem Lande: sich mit Huren abzugeben, die sich bezahlen lassen, gilt für Schande, dagegen sein Lieb zu haben, mit dem man auch im Geschlechtsumgang steht, gilt als ganz selbstverständlich; so schon vom 17. Jahre an. Hat das Folgen, so kommt es gewöhnlich zur Ehe. — Die Frau wird in der Ehe hart gehalten, dagegen die Kinder gut behandelt und womöglich so erzogen, daß sie weiter kommen können. — Eine häufige Erfahrung ist, daß bei nothdürftigem Verdienst, etwa bis höchstens 750 Mk., die Familie entweder eine heroische Sparsamkeit entwickelt, oder in hoffnungslose Lüderlichkeit versinkt; sowie sie aber mehr als 750 Mk., also ein erträgliches Auskommen haben, sie zum ordentlichen Leben durchaus geneigt sind.

Es stimmt das ganz mit dem, was vor 100 Jahren Pestalozzi in „Lienhardt und Gertrud" ausgeführt hat, daß die Moral des Volkes wesentlich abhänge von gesichertem Erwerb und vermehrtem Eigenthum. Ein Anderes, worauf uns die Betrachtung besonders der Arbeitersitten führt, ist, daß die Alten ganz Recht hatten mit ihrer Bemerkung, daß zur Tugend Muße gehöre. Sie haben daraus die Folgerung gezogen, daß, wer keine Muße habe, auch keine Tugend habe, und sind danach den Sklaven gegenüber verfahren. Wir werden daraus die Folgerung ziehen, daß man denen, die keine Muße haben, versuchen muß solche zu verschaffen, damit für das verständige Überlegen, das allerdings zur Ausbildung der Tugend mit erfordert wird, Zeit sei. Von Herbart giebt es den Ausspruch: „wo der Geist leer ist, da haben die animalischen Begehrungen freien Raum." Nun kann der Geist aus verschiedenen Ursachen leer sein: aus Trägheit, wie oft in den wohlhabenden Ständen, wo dann sehr bald die animalischen Begehrungen alles einnehmen; aber es kann der Geist auch leer sein, weil die Körperkräfte durch Arbeit so angestrengt waren, daß für eine edle Erholung oder eine geistige Beschäftigung keine Kraft mehr da war; dann tritt das blos Animalische hervor, entfaltet sich in der Sitte und es regt sich gar nicht der Gedanke, es könne auch anders sein. Das ist der längst bekannte Unterschied, warum Tagelöhner in Eingehung der Ehe so unüberlegt sind, und warum die schon etwas besser situirten Klassen in Bezug auf dieselben Verhältnisse im Allgemeinen verständiger sich verhalten.

Es ist klar, daß hier Fragen hereinkommen, bei denen die allgemeinen sozialen Verhältnisse entscheidend sind. Diese allgemeinen sozialen Verhältnisse hängen aber zum großen Theil von den Gebildeten und Wohlhabenden mit ab. Vor der Hand können wir uns nur die Frage vorlegen: was kann man unter den Verhältnissen, wie sie jetzt sind, dafür thun, daß eine größere Muße für die Arbeiter geschaffen werde. Hier tritt vielfach die Fortbildungsschule ein, d. h. die Einrichtung von Gemeindewegen, daß bis zum 18. Lebensjahr den Lehrlingen und Fabrikarbeitern die Zeit gewährt wird, sich in Abendschulen oder schulmäßigen Kursen noch zu unterrichten. Die Fortbildungsschulen sind theils eine Ergänzung des Volksschulunterrichts, theils eine theoretische Unterstützung des Berufs. Die Hauptsache auf den Fortbildungsschulen ist, strenge Detailkenntnisse zuzuführen, nicht allgemeine Gesammtanschauungen zu geben, bei denen immer vieles vor strenger Wissenschaft gar nicht besteht.

In Frankreich ist das Fortbildungsschulwesen sehr entwickelt. Es giebt da „Ergänzungsklassen", die den früheren Unterricht ausfüllen: Lehrlingsschulen, écoles manuelles d'apprentisage, wo ein vollständiger Lehrlingscursus für verschiedene Gewerbe ertheilt wird, so daß die Zöglinge nach Absolvirung desselben als Arbeiter oder Gesellen in das Gewerbe eintreten können; staatliche Fachschulen, écoles nationales professionnelles, — alle unentgeltlich. Bei uns sind auch mancherlei Arten: die Bürgerschule, d. i., eine Volksschule, die etwa ein Jahr länger währt, wo also entsprechend mehr gegeben wird als auf der Volksschule im engeren Sinne, gewöhnlich wird auch eine fremde Sprache, Französisch oder Englisch, gelehrt; Gewerbeschulen, Abendkurse verschiedener Einrichtung und Abzweckung; in manchen Orten richtet man Gewerbesäle ein in der Nähe von Fabriken für Schlosser, Maschinenbauer, Mechaniker u. s. w. unter Leitung eines Ingenieurs zum Zeichnen, Konstruiren, zum Unterricht in Mechanik, alles für Arbeiter, die in den Fabriken praktisch arbeiten und Lust und Zeit haben, sich auch mit theoretischen Kenntnissen zu versehen.

Auf den Fortbildungsschulen kann das Nationalökonomische mehr als auf der Volksschule vorkommen, aber noch mit Vermeidung aller Streitfragen über Sozialismus, Individualismus u. s. w. Diese in ihrer ganzen Tragweite zu fassen sind junge Leute vom 14. bis 18. Lebensjahr noch gar nicht im Stande, wohl aber können gewisse Begriffe ihnen zugeführt werden, die leicht zu erklären sind, und aus denen sie später nützliche Folgerungen ziehen können. Es mag ihnen beigebracht werden, was an Malthus unzweifelhaft richtig ist, daß, wenn die Volksvermehrung zunimmt, auch mehr Nahrungsmittel herbeigeschafft werden müssen, oder aber eine Verschlechterung der Lebenshaltung des Einzelnen eintreten muß. Daran kann sich später einmal leichter die Frage anschließen, ob es so ganz ohne Verantwortung ist, neues Leben in die Welt zu rufen. Es kann dargelegt werden, daß der Boden durch Bearbeitung erschöpfbar ist, daß die Pflanzen wirklich von Stoffen leben, die sie aus dem Boden entnehmen, daß durch Düngung immer ein Ersatz herbeigeschafft werden muß für die verbrauchten Stoffe, daß aber auch die Düngung ein Maß hat, über das hinaus sie nichts mehr hilft, so daß es ein ganz chimärischer Gedanke ist, man könne es einmal dahin bringen, daß etwa von einem Quadratmeter Land ein Mensch leben könne; ebenso daß die Viehmästung im Erfolge beschränkt ist: über eine gewisse Menge wird das Futter nicht mehr angeeignet, es geht ungenutzt durch den Körper hindurch. Aus alle dem ergiebt sich, daß Sparsamkeit stets etwas Nothwendiges bleibt, eben damit für alle möglichst viele oder mindestens ausreichende Nahrung da ist. Ferner kann darauf hingewiesen werden, daß es nach der Erfahrung in Ländern wie England z. B. durchaus für möglich gilt bei einem Pfund Wochenlohn zu sparen, in Amerika bei 5 Dollars, in Frankreich bei 25 Fr.; daß die alkoholischen Getränke eine solche Menge des Nationalvermögens in verschiedenen Ländern verschlingen, daß es wahrhaft erstaunlich ist; daß in England 140 Millionen Pfund, d. i. 4 Pfund auf jeden Kopf, auch die Kinder mitgerechnet, dafür ausgegeben werden. In Nordamerika hat man berechnet, daß man für das Geld, welches auf alkoholische Getränke verwendet wird, jedem Familienvater eine Lebensversicherung von 10,000 Dollars kaufen und sie ihm auf Lebenszeit fortführen könnte. Es wird da gut sein, fremde Länder anzuführen, die Anwendung auf das eigene wird sich schon einstellen. Klar kann gemacht werden, daß Arbeit durchaus nicht an und für sich Werthe erzeugt. Wie viele Ingenieure, auch solche, die nach anderer Seite erfolgreich waren, haben Jahre lange Arbeit auf Erfindungen gewendet, die ihnen nicht gelangen; so war die ganze Arbeit solcher Jahre nutzlos. Als der Themsetunnel zuerst gebaut wurde, war sehr viel Arbeit darauf verwendet worden, aber sie rentirte nicht, weil wenig Leute Lust hatten da unten durchzugehen; erst als der Tunnel von der Eisenbahn benutzt wurde, gesellte sich dem Arbeitsproduct ein Werth zu. Arbeit kann Werthe hervorbringen, aber an und für sich kann man durchaus nicht sagen: ich habe auf das und das so und soviel

Arbeit verwendet, also hat die Sache so und soviel Werth. Der Werth hängt immer davon ab, daß etwas hergestellt ist, das Bedürfnisse befriedigt und von Anderen verlangt wird. Man kann eine Güterordnung aufstellen und wohl begreiflich machen, etwa daß das wichtigste Gut für den Menschen oder eins der wichtigsten die Luft ist, dann Nahrung, Kleidung, Wohnung, Lernen und Lectüre, Schmuck- und Unterhaltungsgegenstände. Die Bedeutung der Maschinen kann man daran klar machen, daß, wenn die Shakespeareschen Stücke noch durch Abschreiben vervielfältigt werden müßten, die Werke jedesmal auf 200 Pfund kämen, daß aber durch den Druck diese Werke, allerdings in der englischen Kleinschrift, für einen Schilling zu kaufen sind. Daß die Post billig und der Telegraph theuer ist, wird daraus verständlich werden, daß bei der Post ein Bote sehr viele Briefe auf einmal besorgen kann, beim Telegraphen jede Mittheilung immer allein die Linie einnehmen und durch einen besonderen Boten bestellt werden muß.

Was die Heranbildung der Volksschullehrer betrifft, so würde ihre Vorbildung etwa die einer heutigen lateinlosen höheren Bürgerschule sein oder derselben entsprechen können. Darauf hätte zur Fachbildung ein Seminarcursus zu folgen, der eine Bearbeitung des gesammten Lehrstoffs der Volksschule in Rücksicht auf dessen didaktische Behandlung und Gestaltung zu bieten hätte. Die Seminare sollten interkonfessionell sein, ohne Zwangsinternat; ihr Sitz am besten größere Städte wegen der dort reichlicher vorhandenen Bildungsmittel.

Wir haben bis jetzt den Volksschulunterricht behandelt; es fragt sich nunmehr: ist derselbe nur für das Volk gemeint gewesen, oder ist er zugleich der Elementarunterricht für die Gebildeten, so daß alle bis zum 14. Lebensjahr ungefähr Gleiches und in gleicher Weise lernen, wie die meisten Volksschullehrer und sehr viele Pädagogen es wünschen? Um diese Frage zu entscheiden, besinnen wir uns, wie wir Ziel und Methode des Volksschulunterrichts bestimmt haben. Der Volksschulunterricht war uns eine elementare Einführung in die Hauptpunkte der modernen Civilisation. Diese Hauptpunkte selbst waren die Naturwissenschaft mit der darauf beruhenden Technik, das Bestreben die Güter mehr allen zugänglich zu machen, eine größere Betheiligung am Gemeinde- und Staatsleben, endlich Freiheit der Religion und der Wissenschaft. In alle diese Seiten modernen Lebens sollte ein 14jähriger Knabe einigermaßen eingeführt sein. Die Methode dazu war von dem Gedanken geleitet, daß das Kind vor allen Dingen praktisch ist, es hat gern etwas vorgemacht, das es nachmacht; aus diesem Nachmachen erwächst allmälich erst das Verständniß. Es leuchtet ein, daß wir diesen Unterricht nicht für eine besondere Klasse des Volkes zurechtgemacht, sondern ihn überhaupt so angesetzt haben, wie ein Kind bis zum 14. Jahre in die Elemente heutigen Lebens eingeführt werden kann. Der Unterschied, der heutzutage noch auf den Schulen hervortritt bei den Kindern niederer und höherer Stände, erklärt sich folgendermaßen. Die Kinder niederer Stände sind zu Hause mit Vorbildern umgeben, die sehr abweichen von dem, was sie in der Schule lernen. Die Eltern kommen ermüdet von der Arbeit, viel Zeit, sich mit den Kindern und dem, was sie in der Schule lernen, zu beschäftigen, bleibt diesen nicht, die Kinder müssen zu Hause in diesem und jenem in der Haushaltung und bezüglich der Geschwister helfen. Ganz anders ist es bei Kindern der gebildeten Stände; sie finden einen Nachhall dessen, was in der Schule getrieben wurde, zu Hause, die Eltern haben Zeit darauf einzugehen, lassen sich davon erzählen, sie werden bei ihren Arbeiten beaufsichtigt und unterstützt. Die Kinder der höheren Stände lernen auf diese Weise schneller, und der Unterricht hat bei ihnen eine tiefere Nachwirkung. Das wird sich erst ändern, wenn es einmal dahin kommt, daß die sog. niederen Stände auch mehr Muße haben, sich mit ihren Kindern zu Hause in der Weise der Gebildeten abzugeben. Dann wird auch das Zusammensitzen von Kindern verschiedener Stände in derselben Schule nichts mehr gegen sich haben. Dann würde sich nicht herausstellen, was heutzutage noch der Fall sein würde, daß die Kinder der Handwerker und Arbeiter langsamer vorwärts kommen und, wenn sich der Gang der Klasse nach ihnen richten sollte, die Kinder aus den gebildeten Ständen zurückhalten würden. In anderen Ländern ist die Annäherung schon jetzt größer, so in Nordamerika, in Australien, lauter Ländern mit größerer socialer Ausgleichung. Das anfängliche Zusammensein wäre noch aus dem Grunde sehr wünschenswerth, als sich erst aus Probe herausstellen kann, ob jemand für eine höhere Schule geeignet ist. Die Probe würde die Frage sein: zeigt sich das Kind bis zum 14. Jahre überwiegend technisch=theoretisch beanlagt, d. h. macht es ein Vorgemachtes nach und aus diesen Übungen erwächst ihm erst das Verständniß, oder geht es allmälich in den theoretisch=technischen Zug über, d. h. ist es von Verständniß sehr schnell und bedarf es der Übung nur zur Einprägung? In den Volksschulen sitzen heutzutage gar nicht wenige Kinder, die durchaus in eine Schule gehörten, welche auf höhere Bildung abzielt, und in den Elementarklassen der höheren Schulen treffen wir nicht wenige, die dadurch ziemlich unglücklich gemacht werden, daß ihre Anlage wesentlich eine technisch-theoretische ist und b.eibt, und sie durchaus behandelt werden, als wäre in ihnen die andere Anlage des Theoretisch-Technischen da.

Im Allgemeinen können wir höhere Schulen so charakterisiren, daß wir sagen: zu ihnen rechnen wir allen Schulunterricht, der über das 14. Lebensjahr hinauszielt. Der Plan für diese Jahre bleibt durchaus der nämliche: sie sollen nach wie vor in die Elemente der bei uns erreichten Civilisation eingeführt werden, und zwar von der technisch-theoretischen Methode aus, die erst allmählich durch die theoretisch-technische ersetzt wird. Es wird der Elementarunterricht oder der Volksschulunterricht da nur immer mehr ins Detail ausgeführt und immer mehr erweitert, aber im Großen und Ganzen bleiben die Ziele die nämlichen. Auf allen höheren Schulen muß aber der Handfertigkeitsunterricht beibehalten werden, er ist unerläßlich zum Verständniß der Technik, und auf den höheren Schulen bekommt er noch einen besonderen Werth, er wird zugleich ein Gegengewicht gegen überwiegend abstracte Gehirnthätigkeit. Sowie die Sinne bei einer Beschäftigung viel gebraucht werden, und die Muskeln mehr miteingreifen, so wird das Gehirn entlastet und ermüdet in viel geringerem Grade, als bei bloß abstracten Beschäftigungen, seien sie mathematisch-naturwissenschaftlicher oder sprachlich-geschichtlicher Art. Auf manchen höheren Schulen sind Handfertigkeitsstunden als Nebenkurse freiwilliger Art eingeführt und haben bei den Schülern viel Beifall gefunden.

Auf allen diesen höheren Schulen darf es nie dahin kommen, daß eigentliche Wissenschaft gelehrt wird als Ableiten aus Principien, das gehört schlechterdings auf die Universität. Auf der Schule kann nur eine allmähliche Hinleitung auf Principien ins Auge gefaßt werden, selbst die Mathematik muß möglichst aus dem Zeichnen erwachsen, was tüchtige Mathematiklehrer schon heute thun, indem sie einen Vorkursus des mathematischen Zeichnens ihrem Unterricht zu Grunde legen. Daraus entwickelt sich die mathematische Phantasie, welcher man bald durch Verbindung mit Konkretem zu Hülfe kommen muß. Es ist durchaus wahr, daß die specifische Begabung für Mathematik nicht sehr verbreitet ist. Deshalb könnten doch die meisten auf den höheren Schulen viel mehr Mathematik sich aneignen, als gewöhnlich der Fall ist. Denn für Mathematik in Verbindung mit konkretem Inhalt ist die Empfänglichkeit viel verbreiteter. Namentlich mit Physik muß die Mathematik bald verbunden werden.

Wie weit auf diesen höheren Schulen der Unterricht gehen soll, lassen wir zur Zeit noch offen. Auf jeden Fall aber muß das Mathematisch=Naturwissenschaftliche eine bedeutende Rolle auf ihnen spielen. Sehen wir jedoch auf die Schulen bei uns, selbst nach den neuen Lehrplänen, die seit diesen Ostern zur Ausführung gekommen sind, so stellt sich das ganz anders heraus. In diesen neuen Lehrplänen sind für die höhere Bürgerschule oder Realschule angesetzt, wenn man alle Klassen zusammenrechnet, wöchentlich 36 mathematische und naturwissenschaftliche Stunden, dagegen 91 für Sprachen und Geschichte; bei der Oberrealschule 83 mathematisch=naturwissenschaftliche Stunden und 134 sprachliche und geschichtliche; beim Realgymnasium 72 mathematisch=naturwissenschaftliche und 148 sprachlich=geschichtliche; beim Gymnasium 52 mathematisch=naturwissenschaftliche und 169 sprachlich=geschichtliche Stunden. Warum hat das Sprachlich=Geschichtliche ein solches Uebergewicht? Das können wir nur beantworten, wenn wir uns vorher einigermaßen die Frage beantwortet haben: was ist überhaupt Sprache? Wir müssen uns hier natürlich auf dasjenige beschränken, was nicht mehr kontrovers ist, dessen ist aber gar nicht so wenig,

Das Wort überhaupt ist der Ausdruck einer geistigen Erregung in Folge eines lebhaften Eindrucks. Wenn wir einen lebhaften Eindruck erhalten, so äußert er sich in einer Menge körperlicher Erscheinungen: in der Haltung, den Bewegungen des Körpers, im Mienenspiel, im Auge, und zu derselben Art der Aeußerungen, zu den Gebärden im weiteren Sinne gehört auch die Sprache; man hat sie ganz mit Recht Klanggebärde genannt. Daß dies zu Grunde liegt, sieht man noch an den Kindern, sie sprechen, wenn sie lebhaft spielen, laut vor sich hin, gerade so wie sie beim Spielen gesticuliren. Daß die Lebhaftigkeit des Eindrucks bei der Sprache zur Aeußerung kommt, erkennt man noch daran, daß Leute, welche die Sprache verloren haben, Aphasische, im Zorn, im Affect oft noch die Worte hervorstoßen, die hervorzubringen bei ruhiger Gemüthslage ihnen nicht mehr gelingt. Begreiflich ist, warum gerade das Wort oder die Klanggebärde eine so herrschende Stellung beim Menschen gewonnen hat. Jeder Sinneseindruck, Gesicht, Getast, Geschmack u. s. w. kann eine lebhafte Empfindung hervorrufen und sich dabei mit einer Klanggebärde verbinden; die abstracten Begriffe kann man gar nicht anders bezeichnen. Das Gesicht kann immer nur einzelne Menschen oder eine Mehrheit von Menschen zeigen, aber mit der Klanggebärde „Mensch, Thier" kann man andeuten, daß an das einer Vielheit gemeinsam Zukommende soll gedacht werden. Das eigene Wort hat noch den Vortheil, daß man es, wenn man es spricht, auch selber hört, daß es also eine doppelte Anknüpfung im Menschen gewinnt, eine

Sprechempfindung ist und zugleich eine Gehörsempfindung, und daß wir es jeden Augenblick als Sprech- und als Gehörsempfindung hervorzurufen vermögen, was wir bei den übrigen Sinnesempfindungen nicht vermögen. Mit dem Wort als Gehörsempfindung verbinden sich außerdem überaus viele und warme Gefühle. Man denke nur an das Musikalische der Sprache, daran, wie die Betonung dieselben Worte nüancirt, daß sie einen ganz verschiedenen Wert bekommen, ob man sie so oder so ausspricht, und die Betonung sogar den Sinn des Wortes ändert, wie manches Ja durch die Betonung eigentlich verneinend wirkt, und wie manches Nein so betont wird, daß man sieht, es wird bald Ja, oder ist schon ein halbes Ja. — Man braucht blos diese Wortbilder wieder anzuregen, so werden auch die geistigen Zustände wieder erregt, die das Wort hervorriefen. Die ganze Welt der sinnlichen Empfindungen, der abstrakten Vorstellungen, die ganze Welt der Gefühle und der damit zusammenhängenden Bestrebungen können so durch ein Wort von außen innerlich wieder angeregt werden. Ja, wir haben eigentlich nicht blos eine Sprache, sondern in der Sprache bei uns 4 Formen von Wortbildern. Erstens das Gehörswortbild, mit dem wir als Kinder anfangen. Wir hören es, verstehen auch bald das Gehörte, selbst wenn wir noch gar nicht im Stande sind, es nachzusprechen. Dann lernen wir es nachsprechen; so kommt das Sprechbild oder, wie man es vielleicht deutlicher nennen kann, das Articulationswortbild dazu, also die Bewegungen von Kehlkopf, Zunge, Lippen. Beim Lesenlernen tritt als drittes das Gesichtswortbild hinzu, endlich beim Schreiben das Schreibwortbild, die Bewegungen von Arm, Hand und Finger. Jedes Wort hat so bei uns 4 Stützen; von der Seite wird es klar, wie die Sprache in so inniger Beziehung zu allen geistigen Vorgängen steht. Gerade bei der Sprache ist es nachgewiesen, daß sie im Gehirn eine besondere Localisation hat, das Gehörs- und Sprechwortbild hat seine notwendige Bedingung in der 3. linken Stirnwindung; ist diese verletzt, so fallen Gehörs- und Sprechwortbilder aus. Auch die anderen Wortbilder, Gesichts- und Schreibwortbild, sind localisirt, in der Nähe der 3. linken Stirnwindung, aber die Centren sind nicht ganz dieselben wie diese, sie stehen nur mit einander in Verbindung. Daher die überraschende Erscheinung, daß ein Ausfall stattfinden kann an der einen Art von Wortbildern, während die anderen noch vorhanden sind, also die merkwürdigen Erscheinungen der Aphasie, von denen man mit Recht gesagt hat, daß die Natur viel mehr distinguirt habe, als die Psychologie je für sich allein gewagt haben würde. Es ist ferner sicher, daß wir alle mehr oder weniger in Sprachvorstellungen denken, daß unser Denken als innerer Vorgang jedesmal mit irgend einer Art Sprachvorstellung verbunden ist. Die Griechen haben sehr viel in Articulationswortbildern gedacht. Plato hat daher das Denken als ein innerliches Sprechen bezeichnet; ebenso die Orientalen, die sich gern so ausdrücken: „da sprach er zu seiner Seele". Lebhaft denkend kommen wir leicht dazu, vor uns hinzureden oder mindestens Lippenbewegungen zu machen, die uns oft innerlich empfindbar sind, während man sie von außen wenig wahrnimmt. Ferner denken wir auch in Gehörswortbildern; daher kommt es, daß manche nichts auswendig lernen können, wenn sie sich's nicht laut vorlesen; so prägt es sich in Gehörswortbildern ein, und es kann nachher fließend aufgesagt werden. Ferner denken wir auch in Gesichtswortbildern; darauf beruht das typische Gedächtniß. Eine Menge Leute stellen sich, wenn sie sich auf etwas besinnen wollen, die Seite des Buches vor, wo sie es gelesen haben, und sofort kommt es ihnen wieder ins Gedächtniß. Wir denken auch in Schreibwortbildern; dies hat bei all denen statt, die sich etwas nur dadurch einprägen können, daß sie es sich auf- oder abschreiben. Häufig kommen bei einem Menschen alle Arten von Gedächtniß vor; häufig überwiegt auch bei einzelnen eine Art des Gedächtnisses, daneben treten aber auch die anderen zu Tage.

Man kann nicht sagen, daß das Denken schlechterdings an diese Sprachbilder gebunden sei; die Künstler denken sehr oft in Formen und Farben, die Musiker in Tönen. Aber ohne eine derartige Unterstützung zu denken, scheint für uns Menschen kaum möglich zu sein, und zur Lebhaftigkeit des geistigen Lebens scheint ein solches innere Wortbild oder Gestaltenbild durchaus erforderlich. Beweis sind die Taubstummen, die sich wenig bildsam erwiesen, so lange es nicht gelungen war, ihnen eine Wortsprache beizubringen, die sich aber, als das und soweit das gelungen ist, sehr bildungsfähig zeigten. Wenn so die Worte zur Anregung des Denkens innerlich mit erforderlich sind, so läßt sich begreifen, warum denselben eine so große Gewalt zukommt. Die Sachen sind nicht immer da, aber die Worte sind jeden Augenblick bereit. Darum fällt den Menschen die geistige Beschäftigung so leicht und ist die geistige Regsamkeit bei ihnen so groß, sobald sie lesen oder schreiben können oder die Gelegenheit haben, sich viel zu unterhalten; selbst der bloße Anblick von Menschen hat schon etwas geistig Anregendes, wenn sie auch nicht mit einander sprechen; denn da immer die Gebärden in irgend einer Weise rege sind, so weckt das zugleich eine Menge Gedanken in den sie Betrachtenden.

Soweit können wir die Sprache ihrem allgemeinen Wesen nach und nach ihrem Werth für den Reichthum und die Regsamkeit des geistigen Lebens wohl verstehen; aber nun kommen Fragen, die wir nicht beantworten können. Warum gesellt sich gerade die und die Verbindung von Consonanten und Vokalen zu dem und dem Eindruck? warum hat also die eine Sprache das eine Wort für einen geistigen Eindruck und die andere ein anderes? Von den Gebärden haben viele eine gewisse Aehnlichkeit mit den Eindrücken, wie etwa die Taubstummen, so lange sie bloß eine Gebärdensprache haben, durch Umrisse mit den Händen andeuten, woran sie denken und wovon sie wünschen, daß der andere daran denke, und diese Gebärden haben sich über die ganze Erde ziemlich ähnlich gefunden. Ebenso ist es mit anderen Theilen des Mienenspiels. Das Wort hat eine solche Aehnlichkeit mit dem äußeren Eindruck nicht oder nur sehr selten, höchstens in dem, was man onomatopoetisch nennt, soweit das wirklich etwas Zuverlässiges ist; denn es ist bekannt, daß vieles, was wir heutzutage für onomatopoetisch halten, wenn man geschichtlich zurückgeht, dies gar nicht ist. Eine Discrepanz zwischen der geistigen Auffassung und dem äußeren Eindruck findet sich indeß nicht bloß beim Wort, sondern schon bei Weinen und Lachen. Warum gerade mit der Trauer Weinen, mit der Freude Lachen verbunden ist, können wir nicht angeben. Wir könnten uns das auch umgekehrt denken. Es kommt vor, daß in der höchsten Freude uns Thränen in die Augen treten, und Leute, die sehr viel Lebenskraft haben, — in der Jugend ist so eine Periode —, neigen sehr dazu, in der ersten Überraschung, wenn ihnen etwas Trauriges gemeldet wird, zu lachen. Ebenso können wir nicht angeben, warum das eine Volk für seine Trauer die und die Farbe gewählt hat, das andere eine ganz andere, und ebenso bei der Freude. Auf jeden Fall liegt hier physiologisch und psychologisch etwas zu Grunde, es herrscht dabei nicht Willkür, daß man sich etwa vorgenommen hätte, es gerade so zu machen, es geschieht alles ganz instinctiv; aber wir können nicht ursprünglich den Grund angeben und können uns auch nicht nachträglich bewußt hineinversetzen, sondern nur sagen: in der und der Gruppe hat sich zu dem und dem Eindruck das und das Wort gesellt, und wenn das geäußert wurde, so war es im Zusammenhang mit den übrigen Gebärden den anderen der Gruppe verständlich, so ist das Wort dort zu einem allgemeinen geworden. Ebenso können wir nicht angeben, warum die eine Sprache die und die Gesetze hat, für die Beziehungen der Vorstellungen und geistigen Eindrücke die und die Verbindungsweisen wählt in Declination und Conjugation, in dem, was diesen analog ist oder was vielleicht ganz und gar anders ist, aber doch dieselben Verhältnisse bezeichnet. Das ist auch, wie wir sagen, konventionell, es hat sich ursprünglich leiblich und geistig so gebildet, später ist es bewußt geworden, aber auch nur als Thatsache, daß dem so ist, die leiblichen und geistigen Gründe sind uns bis jetzt verborgen. Ferner drückt jedes Wort nur eine Seite des Eindrucks aus. Warum gerade diese gewählt worden ist, können wir in manchen Fällen ungefähr angeben, es hätten aber gerade so gut auch andere gewählt werden können. Das Wort „höflich" drückt aus, daß man von Höfen der Fürsten und des Adels annahm, daß da feine Sitte besonders geübt werde und dort gelernt werden könne. „Restauration" heißt an sich Wiederherstellung; wir gebrauchen es jetzt in dem Sinne eines Ortes, wo man für Geld seine leiblichen Kräfte durch vorübergehenden Aufenthalt wiederherstellen kann, gebrauchen es von der Wiederherstellung eines Kunstwerks, das Lücken zeigte, und auch von der Wiedereinsetzung eines zeitweilig vertriebenen Fürsten. Man könnte es noch für manches Andere gebrauchen, aber diese drei Bedeutungen sind die gewöhnlichen, die sich in unserm Sprachgebrauch herausgehoben haben. „Religion" scheint ursprünglich eine Art Bindung zu bezeichnen, vielleicht ein Gelübde, durch das man sich einem Gotte band, wenn er das und das thäte, und dem man sich im Fall der Erfüllung verpflichtet fühlte; es ist nun ein viel anderer Sinn daraus geworden, der mit der ursprünglichen römischen Denkungsart nichts mehr zu thun hat. Noch heute erleben wir, daß die großen Dichter und Schriftsteller manche Wörter bilden, die sofort in den allgemeinen Gebrauch übergehen, und dann wieder andere Wörter bilden, die uns überaus glücklich vorkommen, und die doch gar nicht in den weiteren Gebrauch gelangen, ohne daß wir sagen können warum. Die Umwandlungen der Sprache sind ebenfalls nie vorauszusagen. Man hat wohl Einwirkungen versucht, aber stets vergeblich. Hier ist einer von den Punkten, wo die Schleiermachersche Unterscheidung statt hat von dem, was durch uns und in uns geschieht, und dem, was wir machen.

Zusammenfassend können wir sagen: Wort und Sprache ist ein Zeichen geistiger Zustände überhaupt für uns selber, ein Faden, an dem unsere geistigen Zustände verlaufen, innerlich und noch mehr im Verkehr mit den anderen, aber sie ist ein Zeichen der geistigen Zustände im weitesten Sinne. Man muß sich stets erinnern, daß nicht blos Vernunft sondern auch Unsinn mit Worten bezeichnet wird.

Die Sprachen haben eine Geschichte. Es giebt sehr viele Sprachen, die in alter Zeit überaus reich waren an Formen. Sehr begreiflich; da machte alles auf die Menschen einen lebhaften Eindruck, und allem gesellten sich besondere Klanggebärden, besondere Wörter zu. Das sind die Zeiten, aus denen z. B. der Dual in vielen Sprachen stammt, es machte Eindruck, daß manche Dinge paarweise gegeben sind, man hatte Freude daran, das auch auszudrücken. Heutzutage werden wir sagen, daß ein solcher Reichthum an Formen gar nicht immer eine Höhe des Denkens bezeugt; wir werden umgekehrt urtheilen, daß eine Sprache, die überaus reich an mannichfaltigen Formen ist, eigentlich den Verdacht gegen sich habe, daß sie geistig noch wenig entwickelt sei. Sobald man nämlich erkennt, was an den Eindrücken wesentlich und was unwesentlich ist, fangen die Sprachen an, ihren Formenreichthum fallen zu lassen und sich auf das zu beschränken, was für den Ausdruck des Wesentlichen erforderlich ist. So haben die Sprachen sehr oft den Dual fallen lassen, weil sie merkten, daß sie, was ein Paar oder zwei ist, sehr gut ausdrücken konnten, ohne eine eigene Form dafür zu haben. Es ist eine Art Kraftersparniß, die auf diese Weise eintritt. Darum kann man z. B. sagen, das Englische ist zwar eine sehr dürftige Sprache; wenn man seine grammatischen Bildungen ansieht, steht es gegen das Deutsche, Französische, Lateinische und Griechische ungemein zurück; nichts desto weniger wird man urtheilen, es ist eine sehr geistige, auch sehr poetische Sprache, die alle wesentlichen Beziehungen des Denkens, des Gefühls, der Phantasie auszudrücken im Stande ist. Es fehlt ihr also dadurch gar nichts, daß sie anderen Sprachen in Formenreichthum nachsteht. Überhaupt wird die Beschreibung durch Worte abnehmen, wenn es erst durchgeführt ist, daß das Zeichnen die Stelle einnimmt, die ihm gebührt. Man wird dann, wo man jetzt Worte giebt, einfach die Zeichnung hinsetzen, und nur mit kurzen Andeutungen darauf hinweisen, was die Hauptpunkte sind. So kann sich unsere ganze Art der Darstellung noch vielfach ändern.

Nachdem im Allgemeinen festgestellt worden, was Sprache ist, gehen wir zu der Frage über, wie sich dieselbe zu den einzelnen Lernobjekten des vorbereitenden höheren Unterrichts verhalte. Bei der Mathematik ist sie nur Mittel; denn das Entscheidende muß hier immer die mathematische Phantasie oder innere Anschauung geben, entweder allein für sich oder unterstützt durch die Annäherungen der äußeren Anschauung an sie. Ebenso ist die Sprache in der Naturwissenschaft nur Mittel; da muß die Erfahrung, die genaue Beobachtung der

Sinneswahrnehmungen und etwa das dadurch angeregte, aber immer mit der Erfahrung in Zusammenhang bleibende Denken entscheiden. In beiden kann für die Sprache nur gefordert werden Klarheit und Kürze und etwa das, was man Eleganz in der Mathematik nennt, daß nämlich der klare und kurze Ausdruck auf die treffendste Weise das sage, was gesagt werden soll. Von der Mathematik aus liegt der Gedanke nahe, ob, was bei ihr ist, nicht auch weiter verwendet werden könne. Die Mathematik hat als Geometrie und als Rechnen eine Zeichensprache. Eine solche Zeichensprache ist auch besonders in der Chemie aufgekommen und zieht sich mit dem mathematischen Element durch alle Naturwissenschaften hindurch. So liegt der Gedanke nahe, ob man für Mathematik und für Naturwissenschaften nicht wieder eine Weltsprache haben könnte, die für das eigentliche wissenschaftliche Gebiet sehr vermißt wird. Das Lateinische war eine solche im Mittelalter und noch mehr als ein Jahrhundert in der Neuzeit. Es würde heutzutage eine große Abkürzung sein, wenn wissenschaftliche Werke sofort in einer Sprache könnten veröffentlicht werden, durch die sie allen Culturvölkern zugänglich wären; auch für das Geschäftliche des Lebens, des Einzellebens wie des Völkerlebens, würde eine solche Weltsprache in hohem Grade wünschenswerth sein. Das ist der Gedanke, der den Versuchen zu Grunde liegt, die als Volapük bezeichnet werden, daß man eine Sprache zu bestimmter Absicht erfindet mit Benutzung dessen, was in den Cultursprachen vorliegt, nur mit Vereinfachung desselben, also mit einer Bezeichnung der Formen, die durchgängige Gleichmäßigkeit hat und überaus einfach ist im Vergleich mit allen lebenden Sprachen, mit Begriffssymbolen für die Inhalte des Denkens, die möglichst kurz sind und möglichst zusammensetzbar, so daß man etwa wie in der Chemie, wenn es sich um einen Ausdruck für etwas Neues handelt, durch bloße Aneinderfügung der darin vorkommenden charakteristischen Merkmale den Ausdruck bilden kann. Daß ein Bedürfniß nach einer Weltsprache im Geschäftlichen und im Wissenschaftlichen vorliegt, wird allgemein gefühlt; gerade von den Wissenschaften her, z. B. der Medizin, ist der Gedanke öfter ausgesprochen worden. Es ist auch sehr wohl möglich, daß es einmal einem dieser Versuche gelingt, wirklich in weiteren Kreisen Wurzel zu schlagen. Es wäre gar nicht nöthig, dabei über das eigentlich Geschäftsmäßige hinauszugehen; es könnten z. B. die wissenschaftlichen Werke immer in der einzelnen Volkssprache geschrieben werden, man würde nur gleichzeitig die Hauptgedanken und die Hauptgründe für diese neuen Gedanken in dieser Weltsprache veröffentlichen, die am besten Elemente der germanischen oder romanischen Sprachen, die leichtesten aus ihnen, die am bequemsten auszusprechenden und zu behaltenden, in den wissenschaftlichen Gebrauch und in den geschäftlichen Verkehr übergegangenen, benutzte; den anderen Völkern der Erde würde der Anschluß an diese Weltsprache in diesem engeren Sinne dadurch leichter gemacht. Vor der Hand aber können wir mit so etwas nicht rechnen, und dieser Umstand wird gleich besondere Forderungen nach sich ziehen. Eins aber ist ganz sicher: niemals könnte eine solche Weltsprache einen Ersatz für die Volkssprachen geben; denn Gefühl und Phantasie haben sich bis jetzt immer nur wirksam in den Volkssprachen gezeigt. Als das Latein eine Art von Weltsprache war, im Mittelalter, war dasselbe entweder dürr und unästhetisch, oder es wurde durch die besondere Volkssprache in jedem Lande corrumpirt, oder es war ein Zusammenflicken aus Reminiscenzen, wie es ja in mittelalterlichen Annalisten vorkommt, daß sie eine Schlacht mit Stellen aus Livius erzählen, wodurch denn freilich der ganze Schlachtbericht alle historische Glaubwürdigkeit verliert. Auch die lateinische Poesie der Renaissance war höchstens das, was man eine Nachblüthe nennt auf Grund der originalen lateinischen und griechischen Literatur, und ist mit Recht über den Literaturen in den modernen Volkssprachen vergessen worden.

Die sprachlichen Darstellungen, in welchen Gefühl und Phantasie eine wesentliche Rolle haben, nennt man kurzweg Literatur. Deren Eigenthümlichkeit ist, daß sachliche Wahrheit und ästhetischer Ausdruck eng verbunden sind, so zwar, daß die sachliche Wahrheit durch den ästhetischen Ausdruck gewinnt und der ästhetische Ausdruck von der sachlichen Wahrheit aus seinen besonderen Impuls bekommt. Zur Literatur in diesem Sinne gehört Dichtung, Beredsamkeit, die populäre Philosophie, z. B. Schriftsteller wie Engel bei uns im „Philosophen für die Welt", Shaftesbury in England mit den characteristics, die französischen Moralisten, La Bruyère, Vauvenargues u. a.; endlich gehört zur Literatur in diesem Sinne die Geschichtschreibung. Schriften, in denen sachliche Wahrheit mit ästhetischem Ausdruck zusammenwirkt, sind es, welche den großen Eindruck auf die Völker hervorbringen; es ist vollständig richtig, daß bloße inhaltliche Wahrheit nicht einer Schrift die Unsterblichkeit sichert, wie es Sir Francis einmal ausgedrückt hat, auch für eine Schrift ist Politur zur Erhaltung erforderlich.

Nur ein paar Beispiele davon, was die Literatur für einen Eindruck auf die Nationen macht. In unserem Jahrhundert hat die napoleonische Zeit in Frankreich eine verhängnisvolle, von den Franzosen selbst beklagte Nachwirkung gehabt, wesentlich in Folge der Literatur. Durch die Poesie zusammen mit der bildenden Kunst, durch eine sehr einseitige Geschichtschreibung war den Franzosen das Bewußtsein beigebracht worden, daß eigentlich unter dem Kaiserreich die Armee unbesiegbar gewesen sei und nur ganz zufällige Umstände den Sturz desselben und die Niederlage des Heeres herbeigeführt hätten. Was literarische Vorzüge ausmachen, kann man an einem speciellen Werk sehen, der Geschichte des Feldzuges von 1812 von Ségur dem Sohn. Sein Stil ist hinreißend und die Erzählung dramatisch, so daß es beim Lesen ganz hinnimmt. Sachlich ist alles wenig zuverlässig, weil der Verfasser, Quartiermeister des Kaisers, keine anderen Quellen hatte, als die zufälligen Unterhaltungen des Hauptquartiers in den Vorzimmern beim Ab- und Zugehen, aber das Buch hat einen ungemeinen Zauber noch heute. Macaulay hat bemerkt, Jacob II. habe bei seinem Versuch, den Katholicismus in England wieder einzuführen, schon dadurch scheitern müssen, daß die Schriftsteller auf seiner Seite nicht reines und geschmackvolles Englisch geschrieben hätten; diese Männer waren als Katholiken von den englischen Schulen und Universitäten ausgeschlossen gewesen und hatten, im Ausland gebildet, den Zusammenhang mit der verfeinerten Entwicklung der englischen Sprache verloren.

Es ist nicht immer so, daß der schöne Stil etwas Verführerisches im tadelnden Sinne habe. Das ist z. B. der Fall bei Pascal's Lettres à un provincial. Ihr Stil ist so wunderbar, daß das Buch in alle Zukunft zu den gelesenen gehören wird, wenn auch das Interesse am Inhalt des Büchleins lange nicht mehr so unmittelbar ist, wie zur Zeit des ersten Erscheinens.

Woher kommt es, daß die Literatur durch Verbindung von Wissenschaft und Kunst, sachlicher Wahrheit und ästhetischem sprachlichen Ausdruck diese gewaltige Wirkung auf die Menschen übt? Dies erklärt sich so: die Menschen fühlen meist mehr, als sie ausdrücken können; wenn nun jemand auf eine sehr glückliche Weise, was sie fühlen, zum Ausdruck bringt, so sind sie wunderbar ergriffen; es prägt sich dieser Ausdruck tief ein; er hat gewissermaßen das, was dunkel in ihnen lag, ans helle Licht entbunden. Daher giebt es glückliche Worte, die in einer Zeit oder in einer Sache so zünden. Es ist durchaus wahr, daß manchmal das, was ein Philosoph in einem ganzen Bande auseinandersetzt, ein Dichter oder ein Redner in einem kurzen Satz so ausspricht, daß es von da an Gemeingut wird (Vauvenargues), lediglich durch das Treffende des Ausdrucks, natürlich die Richtigkeit oder die Verbreitetheit des zu

Grunde liegenden Gefühls vorausgesetzt. Von da an gilt es wie eine evidente Wahrheit, als etwas, das in der Tiefe der menschlichen Brust wie ein Funke geschlummert und nur dessen gewartet hätte, der es hervorlockte. Das ist überhaupt der Sinn von „Klassisch" in der Literatur. Zu den klassischen Schriftstellern hat man dauernd immer nur die gerechnet, die eine neue Seite des menschlichen Herzens aufzudecken schienen in einer Sprache, die ihnen eigenthümlich war und doch jedermann ergriff, Schriftsteller, die, indem sie eine Wahrheit aussprachen, in den Andern gleichsam die Verwunderung erregten, daß sie das selber noch nicht so aufgefunden hätten, und die dieser Wahrheit gleich eine Form gaben, die für alle Zeit ein gültiges Gepräge für sie darstellte (St.-Beuve).

Es fragt sich, was von der Literatur dasjenige ist, was in dem vorbereitenden Schulunterricht Verwendung finden kann? Die populäre Philosophie fällt hier überwiegend aus, auch die Beredtsamkeit kommt verhältnißmäßig weniger in Betracht; als politische Beredtsamkeit und als Behandlung allgemeiner Fragen spielt sie erst im späteren Leben eine größere Rolle. Dagegen kommt in Betracht die Poesie und die Geschichte. Das Eigenthümliche der Poesie kann man etwa mit Göthe so beschreiben, sie bringe das Gesetzmäßig-Lebendige in seiner Thätigkeit und Vollkommenheit zur Anschauung und wirke so erweckend auf unsere eigene Thätigkeit und Lebendigkeit, besonders dadurch, daß in sinnenfälliger Weise oder in einem fast sinnlichen Bilde diese Thätigkeit dargestellt werde. Damit wir nicht bloß nach Einem Dichter die Poesie bestimmen, nehmen wir noch Sam. Johnson, der bei den Engländern als eine Autorität gilt durch seine Lives of the poets. Er hat nach englischer Weise die Poesie mehr im Einzelnen analysirt. Nach ihm hebt Poesie an den Dingen die Seiten hervor, welche die Einbildungskraft anregen und ihr gefallen, während sie die Seiten, die ihr weniger zusagen, mehr zurücktreten läßt. Sie muß aber zugleich den Verstand befriedigen, d. h. es müssen wesentliche und wichtige Seiten sein, die sie heraushebt, und sie muß das in einer Form thun, die etwas Überraschendes und Neues für die Auffassung hat; sie muß es endlich in Worten und Tönen thun, die wiederum etwas Gefälliges für den Geist und den musikalischen Sinn haben. So ist also nach Goethe und nach Johnson die Einbildungskraft und das Gefühl das Bedeutende der Poesie, aber es muß etwas Lebendiges oder Wesentliches sein, das durch Einbildungskraft und Gefühl erhöht wird. Hier zeigen sich Unterschiede der Zeiten. Es hat Zeiten gegeben, wo man ängstlich war wegen der

Einbildungskraft und sie niederdrückte. Dies war z. B. in England nach Locke der Fall: da er alles aus der Empfindung ableitete, so wurde man gegen die anderen Geistesthätigkeiten mißtrauisch; so entstand die Poesie von Pope und Addison, die Malerei Hogarth's, auch die englische Baukunst nahm etwas nüchtern Verständiges an. Dagegen giebt es auch Zeiten, wo die Einbildungskraft sich von der Erfahrung mehr loslöste, wo alles die Märchen- und Wundergeschichten liebte mit den goldenen Palästen, den Riesen und Zwergen, den Ungeheuern, Bezauberungen, Zeiten, die man im Allgemeinen romantische nennen kann; denn in unserer romantischen Poesie war auch der Zug, die Einbildungskraft möglichst für sich walten zu lassen; um doch eine Art historischen Hintergrund zu haben, verband sie sich mit mittelalterlichen Erinnerungen besonders aus der Periode der Kreuzzüge, wo das Phantastische des Morgenlandes bereits herübergewirkt hatte. Was die Gefühle betrifft, so sind die wirkungsvollsten in der Poesie die natürlichen, daß also jemand, der Rache schildert, selber Rache gefühlt hat, oder, wer Liebe, diese an sich erfahren hat. Davon sind unterschieden die künstlichen Gefühle, daß sich z. B. jemand ein Phantasiegefühl erzeugt, wie es der Rache, der Liebe zu Muthe wäre. Diesen Unterschied der natürlichen und der künstlichen Gefühle merken wir den Dichtungen meist bald an. Ferner hat noch statt der Unterschied der elementaren und der conventionellen Gefühle. Jene sind solche, die getrennt für sich in der Seele entstehen, wie Liebe, Rache, und die zu allen Zeiten auf der Erde im Ganzen und Großen die nämlichen sind. Die conventionellen ergeben sich aus den besonderen Verhältnissen und Beurtheilungsweisen eines Landes, wie uns z. B. in den spanischen Dramen die Fassung der Ehre immer etwas fremdartig anmuthet, oder wie uns die korsikanische Blutrache zwar sehr interessiren kann, aber doch wesentlich etwas Lokales behält, oder wie wir empfinden würden, wenn etwa ein amerikanisches Duell die Grundlage eines Romans bildete.

Es läßt sich nicht läugnen, daß die Poesie durch Gefühl und Phantasie wesentliche Seiten der menschlichen Natur zu einer lebhafteren Anschauung bringen kann, daß wir durch sie glauben, etwas vor uns zu sehen und zu erleben, was dem gewöhnlichen Leben und der gewöhnlichen Erfahrung selbst ganz fern liegt und doch uns nicht fremd anmuthet, wie das Dichtern wie Dante und Milton gelungen ist. Aber es liegt die Gefahr nahe, daß dabei gewisse Züge der menschlichen Natur so herausgehoben und gesteigert werden, wie sie im wirklichen Leben nicht vorkommen. Im wirklichen Leben kommen die Gefühle gewöhnlich gemischt vor, dem einen Gefühl oder der einen Leidenschaft steht eine andere entgegen, oder eine vernünftige Überlegung widersetzt sich derselben. So hat im wirklichen Leben viel mehr Verschiedenheit der Gefühle und oft Gegensatz der Gefühle statt. Deßhalb hat man zu allen Zeiten die Poesie zwar als erweckend für die menschliche Geistesbildung erachtet, aber sie bedurfte einer Korrektur, und diese Korrektur fand sich in der Geschichte. Geschichte ist daher das Zweite, das in dem vorbereitenden höheren Unterricht eine so große Rolle hat.

Unleugbar wirkt die Geschichte auf das Gemüth, wenn man hierunter Gefühlsvermögen und Phantasie zusammen versteht. Daher hat die Geschichte stets eine sehr nahe Beziehung zur Tragödie gehabt, und man hat nicht mit Unrecht gesagt, daß die Geschichte nur gefalle, wenn große Leidenschaften, heftige Kämpfe, Übelthaten, Aufopferungen, Glück und Unglück wechselnd in ihr auftreten. Es hat darum Dichter geben können, die gewissermaßen wahre Geschichte und doch Poesie gaben, wie die Engländer das immer von Shakespeare's Dramen aus der englischen Geschichte rühmen. Als Lord Chatham gefragt wurde, wo er seine englische Geschichte gelernt habe, antwortete er: in den Dramen Shakespeare's. Der Historiker Green hat noch neuerdings erklärt, nirgends sei der Geist der englischen Geschichte so zum vollendeten Ausdruck gekommen, wie in diesen Dramen, wenn sie gleich nicht als Geschichte im heutigen Sinne des Wortes gelten können. Wenn Geschichte eine Korrektur der Poesie sein soll, so fragt es sich: wie verhält es sich mit ihrer Glaubwürdigkeit? Hier ist die Schwierigkeit nicht gering. Die Geschichte, handelnd von wechselnden Schicksalen der Völker in wechselnden Zeiten, muß aus Urkunden schöpfen, die zum Theil sehr lückenhaft sind, muß Gesinnungen aufspüren, die sich nicht als solche geäußert haben oder vielleicht anders geäußert haben, als sie im Hintergrunde waren. Es ist hier ganz anders, als wie bei einem Theil mindestens der Naturwissenschaften, wo man den Vorgang, um den es sich handelt, immer wieder völlig präsent machen kann. Selbst große und sehr genaue Geschichtschreiber haben eingestanden, daß niemals eine einzelne Thatsache so ausgemacht sei, daß nicht kleine Änderungen immer noch durch Entdeckungen neuer Quellen nötig werden könnten, und was z. B. Schlachten betrifft, so wird oft das Wort Wellington's angeführt, daß es nach einer Schlacht gar nicht mehr möglich sei, mit völliger Bestimmtheit zu sagen, in welchem Zeitmoment die einzelne Anordnung gegeben und zur Ausführung gebracht sei, wovon doch abhänge zu bestimmen, wieviel Einfluß sie auf die schließliche Wendung des Kampfes gehabt habe. Es kommt dazu, daß es so gut wie als ausgemacht gelten kann, daß alle Geschichts= erzählung für einen Roman zu halten ist, wenn nicht gleichzeitige schriftliche Zeugnisse vorhanden sind, weil da, wo ein Ereigniß großen Eindruck gemacht hat, immer sofort die Phantasie und zwar nach Neigung und Abneigung in Erregung versetzt wird, so daß ganz instinktiv und mit völligem subjectivem Glauben eine Version entsteht, die, wenn es gelingt sie quellenmäßig zu prüfen, sich als ganz unhalt= bar erweist. Dazu kommt, daß die Glaubwürdigkeit der gleichzeitigen Zeugnisse selbst nach Neigung und Abneigung, Nähe und Ferne, Fähig= keit und Unfähigkeit wieder in Frage gestellt werden kann. Es giebt auch Dinge, die, wenn sie nicht bezeugt wären von ganz verschiedenen Berichterstattern mit ganz verschiedenen Interessen und Gesichtspunkten, wir nach dem, wie wir sonst Menschen kennen, für durchaus unglaub= lich halten würden (Irische Gräuel 1688, bei Macaulay).

Von diesen Erwägungen aus ist zunächst alles, was wesentlich auf Volkstradition beruht, im Großen und Ganzen für nicht geschicht= lich glaubwürdig anzusehen. Das merkwürdigste Beispiel dieser Art ist der spanische Cid, der nachweisbar ein sehr muthiger und tapferer, aber eigennütziger und gewissenloser Freibeuter war, welcher bald mit den Mauren gegen die Christen, bald mit den Christen gegen die Mauren kämpfte, aber in der Überlieferung zu einem Nationalhelden geworden ist, wie kein anderes neueres Volk einen solchen hat, an dessen Grabe Wunder geschahen und dessen Kanonisation Philipp II. alles Ernstes in Rom betrieb. Ähnliches ist auch noch in neuerer Zeit vorgekommen. Trotz Monmouths öffentlicher Hinrichtung waren viele im Volk überzeugt, er sei nicht todt und werde wiederkehren, sie zu befreien, man habe im letzten Augenblick einen ihm ähnlich sehenden Mann im Tower ihm untergeschoben. Daß selbst gleichzeitige Berichte sehr irrthümlich sein können, bemerkt Macaulay beim Einzug Wil= helms III. mit den holländischen Truppen 1688. Die Freude über die Befreiung des Landes von Jacob II. war so groß, daß die Neuig= keitsbriefe, die nach damaliger Sitte von Augenzeugen ins Land gingen, ganz allgemein versicherten, alle Soldaten seien über 6 Fuß, ihre Waffen von einer nie gesehenen Größe u. s. w. Ebenso bemerkt Macaulay bei der Belagerung von Londonderry, die in Zusammenhang mit der Revolution von 1688 stand, es gäbe von ihr ebensoviele mythische Erzählungen wie von der Belagerung Trojas. Von William Penn urtheilt Macaulay, es gehöre Muth dazu, über ihn die Wahrheit zu sagen. Durch sein Verhalten in Amerika, durch seine Ehrlichkeit gegen die Indianer und dadurch, daß er religiöse Freiheit zum Stützpunkt der Staatsverfassung gemacht habe, sei er wie eine mythische Person geworden; so setze man dem, was sich urkundlich beweisen lasse, daß er sich in England im Verkehr mit Jacob II. höchst tadelnswerth benommen habe, die heftigste Ableugnung entgegen. Auch von Gebildeten können solche mythische Auffassungen sehr wohl ausgehen durch Einseitigkeit. Sam. Johnson bemerkt von dem Briefwechsel zwischen Swift und Pope: wenn der allein erhalten wäre und man sich nach ihm ein Bild machen wollte von dem Zeitalter der Königin Anna und des ersten Georg, so würde man auf eine ganz falsche Vorstellung kommen; denn die Zwei sprächen nur von dem, was unmittelbar mit ihren Interessen und Neigungen zusammenhänge, alles Andere beachteten sie nicht oder setzten es herunter; man würde danach glauben, sie hätten in einem Zeitalter der Unwissenheit und Barbarei gelebt, seien von ihren Zeitgenossen gar nicht anerkannt worden, unter diesen Zeitgenossen habe es keine höheren Interessen, keine Tugend gegeben.

Zu diesen Schwierigkeiten, die eigentliche Wahrheit in der Geschichte festzustellen, gesellt sich endlich noch der Umstand, daß, wenn es einen Fortschritt in der Geschichte giebt, wie denn ein solcher Fortschritt im Großen und Ganzen nach vielen Seiten nicht geleugnet werden kann, die frühere Geschichte als etwas erscheint, dessen Kenntniß uns nicht viel lehren kann, weil sie uns das, was wir zunächst brauchen, das Verständniß der jetzigen Welt und der jetzigen Menschheit darum nicht geben kann, weil die frühere Menschheit eben eine andere war, und die jetzige als eine entwickeltere auch entwickeltere Interessen und Bestrebungen haben muß. So etwas konstatirt auch Ranke ganz ausdrücklich gegenüber der alten Geschichtschreibung, daß nämlich die neuere trotz der formellen Vollendung der alten viel mehr alle Seiten des menschlichen Lebens in Betracht ziehe, das Politische, das Religiös=Kirchliche, Kunst, Wissenschaft, das Kommerzielle und Industrielle. Wenn man sich erinnert, was das Volkswirthschaftliche heutzutage für eine Rolle spielt und damit frühere Zeiten vergleicht, so fühlt man sofort den ungeheuren Unterschied.

Nichtsdestoweniger kann man behaupten, daß die Geschichte im Großen und Ganzen das allgemeine Leben der Völker in einem richtigen Bilde zu geben und auch die Gesammtmotive herauszustellen vermag, welche die Völker leiteten, und daß die Grundzüge menschlichen Wesens aus der Geschichte wohl erkannt werden. Aber daran ist festzuhalten:

das Einzelne kann immer noch unsicher sein und in wenigen Jahren schon Modifikationen in seiner Darstellung erleiden. Indeß bleiben die großen Züge des Lebensganges und der Bestrebungen der Nationen davon unberührt, und so kann allerdings die Geschichte die Korrektur geben, die für die Poesie und neben ihr wünschenswerth ist.

Nach unseren letzten Betrachtungen kann die Sprache in mehrfacher Hinsicht ein Lernobject sein: sie kann das zuerst sein als bloßes Mittel, etwa des geschäftlichen Verkehrs, dann bei Mathematik und Naturwissenschaft: sie kann es zweitens sein als Mittel und Sache, wie in der Literatur. Was man Bildung so schlechtweg nennt, heißt Menschenkenntniß aus Literatur gewonnen haben. Man geht da gewissermaßen um mit den Geistern, die Originelles gedacht und es in wirkungsvoller Form ausgesprochen haben. Es ist das etwa dem vergleichbar, was man manchmal von den Fürsten gesagt hat, daß sie ohne Bücher eine sehr große Bildung gewinnen dadurch, daß sie es möglich machen können, mit den Hervorragendsten der lebenden Generation zu verkehren und in Kürze sich die Hauptgedanken und Hauptgründe von Vielem vortragen zu lassen. Was so Lebenden gegenüber ein Privileg der Fürsten ist, das ist durch die Literatur ganzen vergangenen Jahrhunderten gegenüber das Privileg derer, die eine höhere Bildung genießen. Auf diesem Wege lernt man allerdings bloß die Menschen im Allgemeinen kennen; so kommt es, daß Bildung noch nicht immer Weisheit ist. Weisheit entsteht nur durch Vereinigung von Bildung mit persönlicher Erfahrung. Man muß den einzelnen Menschen beurtheilen oder die einzelnen, mit denen man zu thun hat und dabei kann man das Allgemeine der Menschenkenntniß falsch anwenden.

Man sagt gewöhnlich, daß die Sprache formale Bildung gebe. Es existirt jedoch keine formale Bildung so im Allgemeinen, sondern man muß immer das Formale noch näher bestimmen. Es giebt eine formal-mathematische Bildung, man muß sie natürlich an einem mathematischen Inhalt gewinnen, wo es aber dann nicht so sehr auf die bestimmten Lehrsätze abgesehen ist, sondern mehr darauf, die mathematische Auffassung zu üben, damit man auch andere Lehrsätze als die durchgegangenen verstehen oder selbst auffinden könne. Es giebt eine formal-naturwissenschaftliche Bildung, wo es wieder nicht so sehr darauf abgesehen ist, daß man gerade die und die Thatsachen aus dem Thier- und Pflanzenreich lernt, sondern daß die Auffassungskräfte der Natur gegenüber in einer bestimmten Richtung geübt werden, damit man

Leichtigkeit habe, neue weitere naturwissenschaftliche Kenntnisse zu erwerben oder, wenn einem Naturgegenstände vorkommen, man im Stande sei, sie nach der erlangten Fertigkeit selbst zu beurtheilen. So giebt es auch eine formal=sprachliche Bildung, das ist die, wo man die Sprache studirt, sofern sie im Allgemeinen ein Ausdruck des Denkens ist, sofern sie die in der Grammatik erscheinende Logik eines bestimmten Volkes giebt. Von dieser formal sprachlichen Bildung muß man noch unterscheiden die formal=humanistische; diese geht darauf aus, die Sprache als Literatur, die Gefühlsart und Phantasieweise eines Volkes, das von beidem durchwaltete Streben desselben, das, was man den Geist eines Volkes nennt, zu erkennen.

Lehren kann man Sprachen nach verschiedenen Methoden. Wenn es sich bloß darum handelt, die Sprache als Mittel zu lernen, dann ist die beste Methode, sie so zu lernen, wie wir unsere Muttersprache gelernt haben. Die Methode dabei bestand darin, daß wir in unserer Umgebung Menschen hatten, die ihre Eindrücke, Gefühle und Strebungen durch Worte bezeichneten, daß wir selber durch die Verhältnisse in ähnliche Eindrücke, Gefühle und Strebungen versetzt wurden, und dann dieselben Worte, die jene für alles das gebrauchten, uns auch in den Mund kamen; in der Erinnerung wurden sie leicht behalten, weil wir sie eben zur Verständlichmachung unserer Interessen bringend bedurften. Daß wir die Muttersprache verhältnißmäßig so schnell lernen, liegt wesentlich daran, daß die Eindrücke der Umgebung immer sehr stark sind und das auf uns ausüben, was der Engländer shock nennt, wie ja die Sprache ursprünglich als Klanggebärde eine instinktive Rück= äußerung auf einen Eindruck ist, und daß ferner in der Kindheit die Bedürfnisse beständig uns auf die Worte hintrieben. Wenn man daher eine Sprache als Mittel lernen will, so giebt es keinen besseren Weg, als es ganz ebenso zu machen; das ist der Grund, warum wir in fremden Ländern in wenig Wochen viel mehr von der Sprache lernen, als nach jahrelanger sonstiger Übung. Wenn es sich also bei uns darum handelt, eine fremde Sprache bloß praktisch zu lernen, so ist allerdings der Weg, sie wie die Muttersprache zu lernen, der beste, und man muß versuchen, ihn mit Kunst herzustellen.

Es giebt aber noch eine andere Art die Sprache zu lernen, wenn es sich darum handelt, das Formalsprachliche derselben zu fassen, also Grammatik und Logik einer einzelnen Sprache. Da ist der beste Weg der, der bei uns in dieser Hinsicht seit langem eingeschlagen wird und der dem Kindesalter stets der angemessenste bleibt, der, den wir mit einem oben mehrfach gebrauchten Wort als den technisch=theoretischen bezeichnen, daß nämlich ein paar Sätze vorgeführt und gelernt, die darin angewandte Regel sogleich kurz herausgestellt wird, woran sofort synthetische Übung in vielen Beispielen sich anschließt. Erst spät muß man die Sache umkehren, auf Grund eines vorliegenden Sprachstoffs den Schüler die Regel selber finden und dann Beispiele zu derselben sich erdenken lassen. Das ist die Art, wie wir Latein, Griechisch und bisher meist auch Französisch und Englisch gelernt haben.

Eine dritte Art Sprache zu lernen ist die formal=humanistische. Sie setzt voraus, daß man mit den beiden anderen schon einigermaßen vertraut ist, so daß das Interesse sich vorwiegend auf den Inhalt richten kann. Auch hier muß man sich wieder dem Kindes= und Jugend= alter anbequemen; denn da Gefühl und Phantasie das Eigenthümliche ist, was die Literatur eben zur Literatur macht, so muß man sich danach richten, wie Gefühl und Phantasie im Kinde sind. Sie treten da zuerst mehr in der reinpoetischen Weise auf, und nur allmählich entwickelt sich daraus die Auffassung der Wirklichkeit oder der geschichtlichen Wahrheit. Dies wird insofern befolgt, als die erste Literaturkenntniß des Knaben meist in Poesie besteht oder in solcher Prosa, die etwas Poetisches hat, wie Märchen und Sagen. Da geht es dem Guten auch schließlich gut und der Böse findet seinen Lohn, es waltet die poetische Gerechtigkeit. Allmählich muß man aber übergehen zur geschichtlichen Wahrheit, aber mit Beibehaltung des idealen Sinnes, d. h. es muß das Gute als Streben immer da sein und das Böse zu überwinden suchen, wo also die Tugend kämpft und selbst im Untergang noch siegt, wie ja die Tragiker ganz überwiegend verfahren. Ausdrücklich ist hervorzuheben, daß diese ästhetische Seite der humanistischen Sprachbildung unmittelbar eine sittliche Wirkung hat, wie das Ästhetische auch im formalen Sinne eine sittliche Wirkung übt. Davon hat ein Mann wie Gust. Werner in Schwaben, der überwiegend praktisch=theologisch gerichtet war und die bekannten Rettungshäuser errichtet hat, bezeugt, er habe immer gefunden, daß Kinder, die in einem schönen Hause aufgewachsen, viel empfänglicher für edlere Eindrücke und Gefühle gewesen seien, als solche, die in Schmutz und äußerer Verkommenheit herangewachsen.

Wir wenden uns nunmehr zu der Sprache, die zunächst gelernt werden muß nach all den verschiedenen Richtungen, nach denen man Sprachen lernen kann, und mit Beobachtung der verschiedenen In= teressen, die dabei in Frage kommen; das ist die Muttersprache und bei uns das Deutsche. Hauptsache ist, daß man nur in Regeln faßt, was wirklich deutlich vorgestellt und angewendet werden kann; wo das nicht der Fall ist — und es ist das, wie früher gesagt, in der Sprache sehr häufig —, da muß man sich durchaus darauf beschränken, das Sprachgefühl zu wecken durch Auswendiglernen, nicht bloß von Poesie, sondern auch von Prosa. Die Grundlage für den Literaturunterricht muß das Lesebuch sein mit Proben aller Art je nach dem Alter. In höheren Klassen müssen Hauptwerke selbst gelesen und durchgegangen werden. Bei diesem Durchgehen ist mit großer Vorsicht zu verfahren, es muß nur erklärt werden, was sprachlich und sachlich zum Verständniß durchaus erforderlich ist. Im Übrigen muß man diese Hauptwerke wirken lassen wie ein Kunstwerk, daß man nämlich sie einfach in sich aufnimmt und nicht zerpflückt von vornherein, sondern ihre Gesammtwirkung weiter walten läßt; denn es handelt sich darum, Anlagen zur Entfaltung zu bringen, die zunächst in der Tiefe schlummern. Man kann das unbewußte Geistige im Menschen nicht durch Reflexion anregen, wohl aber durch Anschauung, durch Vorbild, dadurch, daß man etwas vorzeigt, was der schlummernden Anlage gewissermaßen als eine Erfüllung gegenübertritt. Daher gehören ästhetische und historisch-literarische Analysen durchaus auf die Universität. Wie man nicht Logik treiben kann, wenn man nicht ein Jahrzehnt lang nach verschiedenen Seiten praktisch-logische Übungen gemacht hat, so kann man auch nicht Ästhetik treiben, wenn man nicht ein Jahrzehntlang schon mit Ästhetischem umgegangen ist. Erst aus derartigen mannichfachen Anregungen kann nachher die Reflexion herauswachsen, sonst bleibt sie todte Worte. Was die Stilübungen anbetrifft, so müssen diese auf den vorbereitenden höheren Schulen nur mäßig und leicht sein. Z. B. auf den Mädchenschulen handelt es sich wesentlich darum, daß die Mädchen gute Briefe schreiben lernen. Man muß sie da durchaus gewähren lassen, daß sie aus ihren täglichen Erfahrungen schreiben, oder wenn sie das nicht wollen — es ist das oft eine zarte Sache und mancher widerstrebt es —, so stelle man ihnen frei, Selbstbedachtes in Briefform zu schildern. Briefe sind die Größe der Frauen in der Literatur. Nicht nur die Sévigné, auch die Maintenon, in England die Montague sind Meister in der Briefform. Bei uns ist die Frau Rath Goethe zugleich ein Beweis, wie wenig da Orthographie und Satzbildung ausmacht, die oft sehr sonderbar bei ihr sind, aber es thut das dem frischen Zug in ihr, der Fröhlichkeit und der Originalität der Auffassung nicht den geringsten Eintrag. Bei den Stilübungen der Knaben müßte man sich wesentlich auf Erzählungen beschränken, auch so, daß, wenn sie nicht immer Selbsterlebtes erzählen wollen — viele sind dazu durchaus bereit —, sie Erfundenes erzählen dürfen, und dann etwa auch Pläne machen; denn da das im Leben des Mannes eine sehr große Rolle spielt, Entwürfe aufzustellen und sich auszudenken, wie er das und das wohl anfangen könne, so liegt da etwas vor, wofür die Jugend leicht zu interessiren ist und worin sie eine gewisse stilistische Übung haben muß. Die gewöhnlichen Aufsätze auf Gymnasien und den andern höheren Schulen sind ganz überwiegend verkehrt, die könnten Leute machen, die 10 Jahre älter sind, so bereiten sie gewöhnlich blos eine unendliche Mühe, und das, was herauskommt, ist doch nur zusammengelesen oder unter Anleitung des Lehrers zusammengebracht.

Dieser ganze Unterricht muß bezogen werden als auf seinen Mittelpunkt auf unsere klassische Literatur. Diese ist im strengen Sinne zu fassen, daß sie etwa von 1750 bis in das erste Drittel des 19. Jahrhunderts gerechnet wird. Der Gedanke von Ranke wäre durchaus der Verwirklichung werth, eine Mustergrammatik und ein Musterlexicon des Deutschen aufzustellen aus dieser Zeit, nicht im Sinne eines Normalbuches: „so müßt ihr schreiben und so die Worte gebrauchen", sondern in dem Sinne: das ist eine Zeit, die eine besondere Befähigung gehabt hat, viel sachliche Wahrheit in überaus glücklicher Form auszudrücken; sie ist also für Bildung des Stils und für Anregung literarischen Geistes eine geeignete Grundlage. Es darf dabei auf den höheren Schulen nicht die Liebhaberei unserer gelehrten Kreise aufgedrungen werden, Goethe als den eigentlich einzigen Klassiker zu behandeln. Es läßt sich begreifen, daß gerade für Gelehrte, da Goethe selber viel von einem solchen hatte, jede Zeile von ihm ihren Reiz besitzt; aber hier müssen wir ihn nur betrachten als einen neben andern. Er kann nicht alle vertreten; es ist ganz richtig, wenn man gesagt hat, daß in ihm zwei Seelen waren, die in all seinen Hauptwerken wiederkehren, weil sie durch die verschiedenen Umstände seines Lebensganges immer wieder angeregt wurden. Es ist höchst interessant, wie sie da gegen einander ringen, es findet das mehr oder minder in jeder Brust einen Wiederhall. Es giebt aber viel mehr menschliche Seelen, die bei andern Dichtern oft überaus glückliche Darstellungen finden. Weiter ist die Bemerkung von Ranke durchaus richtig, daß im späteren Alter Goethes es oft so aussieht, als ob es in der Welt außer Literatur und etwas Kunst keine Interessen gäbe.

Wie soll es in Bezug auf den deutschen Unterricht mit dem Mittelalter gehalten werden? Heutzutage fällt eine Rücksicht weg, die im

Anfang unseres Jahrhunderts das Mittelalter bei uns wieder in den Vordergrund gerückt hat. Es war wesentlich die Antipathie gegen Napoleon und das französische Wesen, was damals die Blicke auf uns selber zurücklenkte und auf die politisch einst großen Zeiten unseres Volkes; so sind die historischen deutschen Studien nach der sprachlichen und inhaltlichen Seite als eine sehr werthvolle Reaction gegen die französischen Tendenzen herangewachsen. Das ist heutzutage nicht mehr etwas, das in Frage kommt; es liegt kein Bedürfniß mehr vor, den Nationalgeist zur Selbständigkeit aufzurufen, indem man ihm seine früheren größeren Zeiten vorführt. Wir halten uns daher an das, was die deutschen Historiker und Philologen — ich werde mich unter diesen speciell auf Bartsch beziehen, der, außer daß er Romanist war, auch Germanist gewesen ist — selber urtheilen. Danach können wir das Mittelalter nicht in dem Sinne zu unserer klassischen Literatur rechnen, daß auf den vorbereitenden höheren Schulen dasselbe einen Theil des deutschen Unterrichts als solchen bilden müßte. Das Mittelalter ist eine Zeit der Gegensätze und Extreme, es ist ein Jugendalter und trägt die Züge des Jugendalters an sich; das ist es aber gar nicht, was auf der Schule angeregt werden soll, dies haben die Schüler von sich aus in sich, sie müssen gerade auf solches gewiesen werden, was diese Extreme mildert und zu einer Harmonie bringt. Was die Phantasie des Mittelalters betrifft, so ist sie theils erfüllt mit den strahlenden Gestalten der christlichen Legende, wesentlich in der katholischen Art, theils mit den riesigen Nebelbildern, die noch aus der germanischen und nordischen Mythologie hereinragen, und beides verschwimmt in einem gewissen Hellbunkel sehr wirkungsvoll ineinander. Beide Arten der Phantasie sind sehr abweichend von der Phantasie unserer klassischen Periode, die mehr das hellenische Ideal hat; für den Erwachsenen ist es höchst interessant, sie kennen zu lernen, aber ein Vorbild für die Jugend sind sie nicht. Was die Sitten betrifft, so ist die höfische Sitte von außen sehr glänzend, aber die Germanisten urtheilen selber, es sei da der Schein eines äußeren Anstandes über innere Roheit geworfen, und auf eine sehr kurze Blüthe des höfischen Lebens sei eine viel größere Entartung gefolgt, als selbst die derbe und rücksichtslose Zeit gewesen, die dem höfischen Leben voranging. Über die Minne des Mittelalters machen sich die Germanisten keine Täuschung; sie war nicht das Ideal der Liebe, sondern ein ganz conventionelles Verhältniß, das gewöhnlich verheirathete Frauen anknüpften mit verheiratheten Männern oder auch mit unverheiratheten, und das bei der sehr sinnlichen Richtung der Zeit

durchaus nicht bloß platonisch war. Es waren in Wirklichkeit Miß=
verhältnisse, die wir, wenn sie uns in modernen Romanen aufstoßen,
unserer heranwachsenden Jugend lieber entziehen. Nach allem kann das
Mittelalterliche im Deutschen nur kurz historisch vorkommen als ein Theil
der Geschichte, es können auch einzelne Proben gegeben werden in der
mittelalterlichen Form, selbst Proben vom Gothischen, aber das eigent=
liche Studium der mittelalterlichen Literatur gehört auf die Universität.

Die fremden Sprachen sind zur Zeit für den internationalen Ver=
kehr erforderlich. Sollte einmal eine Art Volapük Weltsprache werden,
so würde dieselbe für den internationalen Verkehr ausreichen, und dann
würde das Interesse für die fremden Sprachen mindestens nach der
Seite wegfallen, es würde dann nur übrig bleiben nach der formal=
grammatischen und nach der formal=literarischen oder humanistischen Seite.

Die moderne Civilisation ist unzweifelhaft international trotz der
nationalen Staatenbildungen. Man kann das an ihren einzelnen Zügen
auf das Klarste herausstellen. Die Reformation verdanken wir einem
Deutschen, einem Schweizer und einem Franzosen; sie ist wesentlich
international. Die Denkfreiheit, die neben religiöser Freiheit bei uns
herrscht, verdanken wir wesentlich der französischen Aufklärung des
vorigen Jahrhunderts, die selber ihre Wurzeln zuletzt in England hatte.
Was die größere politische Theilnahme weiterer Kreise betrifft, so ist
diese auf dem Kontinent durchaus eine Folge der französischen Revolution
und dann des englischen Vorbildes seit 1688. Mathematik und Natur=
wissenschaft sind ein Product der ganzen westeuropäischen Menschheit,
es haben daran fast alle Nationen, auch solche, die später mehr zurück=
traten, mitgearbeitet. Die Technik, ein so großes Stück der modernen
Civilisation, ist hauptsächlich zuerst in England aufgekommen und hat
sich von da aus verbreitet. Die größere Ausgleichung in wirthschaft=
lichen und socialen Verhältnissen ist durch die französische Revolution
angeregt worden, welche die größten Folgen für den Bauern= und
Bürgerstand gehabt hat. Die sociale Ausgleichung, die da für den
dritten Stand gefunden worden ist, erstrebt man in unserem Jahrhundert
wesentlich für den vierten.

Alle Hauptstücke der modernen Civilisation sind so wesentlich inter=
national. Von dieser Seite ist die Kenntniß der fremden Völker
durchaus ein Stück moderner Bildung. Und zwar geht das Englische
eigentlich voran. Zuerst aus praktischen Gesichtspunkten. Das Englische
ist schon heute eine Art Weltsprache: es wird gesprochen außer in
England durch ganz Nordamerika, in Australien, es ist die Sprache der

herrschenden Macht in Südafrika, in Indien und auf vielen Inseln.
Wer Englisch kennt, kann sich viel weiter in der Welt durchhelfen, als
wer Französisch kennt; es müßte also dem Französischen vorangehen.
Es ist durchaus nöthig, daß man das Englische auch praktisch lernt.
Man muß da etwas erfinden nach der Weise, wie man die Mutter=
sprache lernt, d. h. ohne noch das Grammatische näher zu kennen, lernt
man einfach Rede und Antwort geben, etwa über Post, Eisenbahn, in einem
Hotel, beim Schneider oder Buchhändler u. dgl. Man lernt das mit
vertheilten Rollen, sich beschränkend auf das, was oft vorkommt, und als
erste Übung. So etwas müßte stets ein Theil des Schulunterrichts
bleiben; es reichen manchmal zwei halbe Stunden die Woche aus, um
es zu so viel zu bringen, daß man sich im fremden Lande zunächst
durchhelfen kann, bis man unter seinen spornenden Verhältnissen tiefer
in die Umgangssprache eingeweiht wird. Daneben muß der technisch=
theoretische Sprachbetrieb treten, daß auf Grund einiger Beispiele uns
eine Sprachregel gegeben wird, und wir synthetisch zusammensetzende
Übungen darüber machen. Dann tritt das Sprachlich=humanistische dazu,
die Literatur. Diese ist wegen der englischen Volksart für uns überaus
lehrreich. Der englischen Art ist eigenthümlich eine Befähigung für
praktische Gestaltung der politischen und sozialen Verhältnisse mit mög=
lichster Freiheit der Individuen und womöglich durch freie Verbindung
derselben. So sympathisch das uns ist, so sehr fehlt es uns zum Theil.
Dazu kommt der englische common sense, daß man sich nicht nach all=
gemeinen Theorien richtet, sondern immer das ausführt, was nach den
gegebenen Verhältnissen jetzt gerade dringend und erreichbar ist. Die
Literatur muß man zunächst in einem Lesebuch kennen lernen. Dies
muß allmählich hinleiten zu den Hauptwerken, von denen jedoch durchaus
nicht alle können gelesen werden. Es ist selbst für die Prima der vor=
bereitenden höheren Schulen ausreichend, daß man Proben aus Shake=
speare kennen lernt, um dann, wenn man selbständig weiter gekommen
ist, ganze Shakespeare'sche Stücke zu lesen. In Proben muß man
ebenso kennen lernen Milton, dann Bunyan, der unzweifelhaft der größte
Allegoriker der Welt ist, wie Shakespeare der größte Dramatiker; er
hat die christlichen Gefühle in lauter allegorische Figuren verwandelt,
diesen aber ein Leben eingehaucht und eine Aktion, daß er in England
noch immer von Gebildeten und Ungebildeten mit Entzücken gelesen
wird. Proben muß man kennen lernen von Lord Chatams Beredsam=
keit; die Engländer haben ganz Recht, daß die wenigen Reste derselben
unübertroffen dastehen in der Geschichte der Beredsamkeit, daß sie

Demosthenes mindestens als ebenbürtig an die Seite gestellt werden
können. Goldsmith's Vicar of Wakefield und „Das verlassene Dorf"
haben sich mit dem englischen Geist gewissermaßen verbunden als ein
treues Bild seiner Eigenthümlichkeit und seiner Neigungen. Proben
sind zu geben von Burke's allgemeinen politischen Gedanken, welche die
specifische englische Art, politische und sociale Verhältnisse zu behandeln,
unübertroffen darlegen. Macaulay's kleine essays sind als Muster
historischer moderner Behandlung in ihren wichtigsten Stücken gleich
hinzuzunehmen. Sonst habe ich mich absichtlich auf das beschränkt, was
die Probe von einem Jahrhundert oder mehr bestanden hat. — Was
das Mittelalter betrifft, so kann es nur historisch vorkommen, außer daß
Proben von Chaucer gegeben werden, weil in ihm viel von der neueren
englischen Geistesart und selbst der Sprache vorliegt. Man muß sich
aber hüten, die Literaturproben des Englischen zu weit zu treiben; z.
B. Herrigs British Classical Authors enthalten viel zu viel für einen
Primaner von Gymnasien und Realschulen. Das ist schon ein Buch
mehr für einen älteren Mann, der sich einen Überblick über die ver=
schiedenen Richtungen der englischen Literatur in der Kürze verschaffen
will. Man kann ja darauf hinweisen, was die Engländer noch alles
besitzen, daß z. B. ganz unübertroffen im Stil der Prosa noch immer
Swift ist, weil er mit Worten, wie sie jeder Engländer seiner Zeit
kannte, die phantasievollsten Dinge gesagt hat, die doch wie halb und
halb glaubhafte Wirklichkeiten erscheinen. Es kann auf die großen eng=
lischen Historiker hingewiesen werden, die als ganze Schriftsteller nur
nach der Schulzeit zu lesen sind, auf Hume, der mehr toryistische An=
sichten vertritt, sehr viel Ungenauigkeiten im Inhalt bietet, aber durch
seine treffenden allgemeinen Bemerkungen noch heute eine Fundgrube
für Menschenkenntniß und tieferes Verständniß ist und im Stil sehr
bewundert wird; auf Gibbon, der mehr die französische Art des vorigen
Jahrhunderts in seinem großen Werke zeigt, das aber auch durch seine
allgemeinen Betrachtungen immer anziehen wird; endlich auf Macaulay,
den großen whiggistischen Geschichtschreiber der Revolution. Als Haupt=
typen des englischen Romans können gelten aus der Mitte des vorigen
Jahrhunderts Fielding und Richardson: Fielding stellt den Zug dar,
der in den Kavalieren des 17. Jahrhunderts herrschte, Richardson das
Puritanerthum; beide nur den Hauptpunkten nach. Diese Typen haben
sich stets erhalten. Nimmt man z. B. von den Romanen der George
Eliot den, der zuerst ihren Ruhm begründete, Adam Bede, so finden
sich in demselben durchaus wieder einerseits der alte Kavaliercharakter,

andererseits der puritanische, nur beide nach den Zeiten abgeändert, der letztere in religiöser und in modern-wissenschaftlich-praktischer Form. Ebenso lassen sich die beiden Typen in Thackeray und Dickens nachweisen. Auch diese Romane sind zur Lectüre nach der Schulzeit aufzusparen.

Wir kommen zum Französischen, das früher eine Art Weltsprache war, mindestens unter den Gebildeten, und das von daher noch vielfach in derselben Weise fortgeführt wird. Das Französische kann ein Interesse haben als formal-sprachliches Bildungsmittel und als formal-humanistisches. Im Formal-sprachlichen ist die Haupteigenthümlichkeit der Franzosen das, was sie die clarté française nennen. Dieser Zug ist sehr alt, geht bis in das 12. Jahrhundert zurück, wo er sich bereits in den Erzählungen findet; er ist als Forderung dann immer weiter auf alle Arten der Darstellung ausgedehnt worden und hat sich durchgesetzt. Wenn wir einen Band der Revue des deux mondes in die Hand nehmen, so sehen wir staunend, was da für eine Übereinstimmung im Stil herrscht; trotzdem auch Eigenthümlichkeiten, Abweichungen von einander vorkommen, so ist doch eine große Gemeinsamkeit vorhanden, die vor allem in der Klarheit und Reinheit des Stils besteht. Dies hängt damit zusammen, daß die Franzosen das Gefühl haben, es sei ihnen in diesen Dingen eine gewisse discipline, wie sie es nennen, nöthig, daß, wenn sie sich bloß dem Freiheitsgefühl überließen, Ungeheuerlichkeiten überwuchern würden. Dies ist auch der Grund, warum Boileau ihr Gesetzgeber für Stil und Poesie geworden ist, von dem sie selber sagen, daß Verstand und Gefühl in ihm gleichsam in untrennbarer Einheit gewesen. Das ist endlich der Grund, warum sie auf die drei Einheiten im Drama einen solchen Werth legten: sie fürchteten, wenn sie sich nicht so bänden, so würden sie alles phantastisch durcheinander wirren, wie es die Spanier gethan, vor denen sie sich mit den drei Einheiten gewissermaßen retteten. Daß in diesem Gefühl eine gewisse Wahrheit liegt, davon mögen uns leicht die ersten Dramen von Victor Hugo überzeugen, welche die romantische Opposition gegen das klassische Drama sein sollen. Es hat bei ihnen daher immer noch Bedeutung die Art, wie Buffon in der berühmten Rede den Stil definirt hat, der zum Menschen selber gehöre (le styl est de l'homme même), daß er die Ordnung und Bewegung sei, die man in seine Gedanken lege, und daß gut schreiben drei Vollkommenheiten enthalte, gut denken, gut fühlen und gut wiedergeben oder sich ausdrücken. Diese stilistische Eigenthümlichkeit der Franzosen kann auch in einem gewissen Sinn als ihre Größe gelten.

Was das Formal=humanistische betrifft, so ist zunächst voraus=
zuschicken, daß man aus ihren Literaturwerken nicht immer ihre ganze
Volksart kennen lernt. Die Denk= und Gefühlsweise gerade in den
breiten Schichten des Volkes, von denen doch schließlich das Gedeihen
der Nation abhängt, muß man von denen sich verdeutlichen lassen, die
lange unter ihnen gelebt und sich doch ihre Unbefangenheit bewahrt
haben. Danach sind die Franzosen zwar leichtlebig, aber unermüdliche
Arbeiter, sehr sparsam und sehr mäßig. Handwerk wird bei ihnen fast
zur Kunst. Im Geschäftsleben herrscht eine große Redlichkeit und
Zuverlässigkeit. Am Geschäft nehmen auch die Frauen Theil, nament=
lich ist die Kasse und die Buchführung oft ihr Werk. Das Ziel der
arbeitenden und geschäftlichen Klassen ist seit langem dies: der Bauer
will seinen Grundbesitz vermehren, er arbeitet Tag und Nacht, einen
Acker zuzukaufen; der Handwerker und kleine Kaufmann will soviel
ersparen, daß er sich einmal als Rentier zur Ruhe setzen kann. Was
vorhin ihre Leichtlebigkeit genannt wurde, ist das, was sie selber als
esprit gaulois bezeichnen, als den altkeltischen Geist: ein munteres,
gesprächiges Wesen, immer aufgelegt zur Heiterkeit, das über die mensch=
lichen Schwächen und die Mühen des Lebens mehr lacht als weint.
Ihre geistige Auffassung drückt sich in dem aus, was sie esprit nennen.
Es meint eine Art Verbindung von Einbildungskraft und Verstand,
wie sie selber es mannichfach beschreiben, esprit sei richtige Gedanken
pikant ausgedrückt, oder esprit sei Vernunft, die einen feinen Ausdruck
gefunden. Mit ihrem esprit gaulois hängt zusammen, daß sie sich im
Leid gern durch ein Lied trösten (cantilenis infortunia sua solantur,
Salvian; en France tout finit par une chanson). — Was mit Erregung
gethan werden kann, thun sie alles mit großer Vollkommenheit. Diese
Erregung nennen sie passion. Wir können es gar nicht übersetzen;
selbst Bossuet sagt, man muß Gott lieben avec passion, was uns be=
fremdlich, ihnen etwas ganz Natürliches ist. Mit dieser Erregbarkeit
hängt es zusammen, daß die Reformen bei ihnen so oft zurücktreten vor
den Revolutionen; sobald sie die Geduld verlieren, sind sie ungestüm
und maßlos; und dann kam wieder der Rückschlag nach der anderen
Seite, ganz anders wie in England, wo sie nie den common sense
verloren und immer mit Reformen versuchten auszukommen und selbst
ihre große Revolution sofort in eine Reform verwandelt haben. Ihre
zwei Nationalseiten sind zur Erscheinung gekommen einmal unter
Louis XIV. und unter Napoleon I., mit gloire und honneur haben
diese beiden sie geleitet und sie einige Zeit damit glücklich gemacht: ihre

andere Nationalseite kam zum Ausbruck in der Revolution von 1789: das Drängen auf Gleichheit war da viel stärker, als das auf Freiheit; denn auch die Revolution hat die Centralisation nicht weggebracht, sondern verstärkt, mit welcher Freiheit nicht vereinbar ist, die doch vor allem Selbstverwaltung der Gemeinden sein muß, wenn auch unter der Zusammenfassung zu einem Staatsganzen.

Soviel von der Sprache und von der allgemeinen Volksart. Erlernt muß die Sprache werden, wenn es sich um den nöthigen praktischen Gebrauch handelt, in der Weise, wie es beim Englischen angegeben ist. Daneben tritt das Technisch=theoretische, wie es gleichfalls dort angesetzt ist, und das Humanistisch=literarische. Das Letztere ist zuerst wieder chrestomathisch zu geben, und dann der Fortgang zu den literarischen Hauptwerken zu nehmen, wo man sich auf das beschränken muß, worin ihre Haupteigenthümlichkeiten nach ihnen selber zur Erscheinung kommen. Das ist in der Tragödie Corneille und Racine. Corneille nennen sie moralisch und erhaben, Racine mehr natürlich und menschlich. Hauptwerke von Corneille sind nach ihnen Cid und Cinna, von Racine Britannicus, Phèdre und Athalie; an letzterer kann man empfinden, was musikalisches Französisch ist. Im Allgemeinen ist die französische Sprache ja nicht poetisch, und Voltaire hat sein Volk das unpoetischste der Welt genannt. Ihre Poesie ist häufig nur gehobene declamatorische Prosa, aber in Athalie ist viel musikalische Süßigkeit der Sprache. Lafontaine's Fabeln sind so sehr Volksbuch in Hütten und Häusern, daß man dessen „Einfachheit und anmuthige Natürlichkeit" gründlich in sich aufnehmen muß. Von Molière müssen gelesen werden „Misanthrope' Avare und Tartuffe", von Montesquieu eine Auswahl der Lettres persanes, es ist das die feinste Satire, die vielleicht in der neueren Literatur existirt. Sehr lehrreich sind auch Montesquieu's Betrachtungen über die Ursachen von Größe und Verfall der Römer. Von Voltaire ist der siècle de Louis XIV. noch immer klassisch in der Art der Auffassung und Darstellung, und stilistisch unübertroffen sind seine kleineren Erzählungen. Charles XII. ist gewiß ein Meisterwerk der Erzählungskunst, aber der Gegenstand ist nur als Warnung von dauerndem Werth, denn der Rückgang Schwedens datirt von diesem König. Rousseau muß der Schüler der höheren Schulen auch kennen lernen; er hat einen großen Einfluß auf die französische Geschichte gehabt, so daß man nicht mit Unrecht geurtheilt hat, es lasse sich garnicht voraussagen, wie der Verlauf am Ende des vorigen Jahrhunderts gewesen sein würde, wenn er nicht als Schriftsteller vorher aufgetreten wäre. In ihm sind

Gefühl und Phantasie fast allein herrschend; von dem Gefühl sagt er selber, es verdunkle ihm die Gedanken, es sei ihm oft, als ob Kopf und Herz auseinanderfielen, von seiner Phantasie berichtet er, es sei schwer, daß irgend etwas in der Natur den Reichthum der Bilder übertreffe, die ihm beständig zuströmten. Vielleicht ist das Lehrreichste und Nützlichste, Stellen aus dem Emile zu geben, deren es nicht wenige giebt, die heutzutage und für alle Zukunft wahr bleiben. Es ist auch garnichts dagegen zu haben, daß von einem Primaner die Profession de foi des savoyischen Vicars gelesen werde; sie ist bekanntlich die Grundlage für die Kantische Moraltheologie geworden. Molière muß man nach der Schule ganz lesen und öfter lesen, wie das Göthe gethan; er gilt den Franzosen noch als der lebhafteste Ausdruck ihres Nationalcharakters. Bei ihm ist auf etwas hinzuweisen, was uns oft befremdet. Z. B. in George Dandin schnürt sich uns immer die Kehle zu, daß das für ein Lustspiel ausgegeben wird. Es liegt da etwas Romanisches vor. Das eigentliche Komische besteht ihnen darin, sich über eine lächerliche Person lustig zu machen (se jouer d'un personnage ridicule, Marmontel), das Lächerliche selbst ist ihnen une sotte vanité, eine thörichte Eitelkeit oder eine verblendete Leidenschaft, die uns unsere Stellung überschreiten läßt. Es liegt da etwas vor, was dem deutschen Bauernspruch ähnelt: „Der Dumme muß geprügelt werden". Ein ähnlicher Zug findet sich auch in spanischen und italienischen Komödien.

Viel weiter sollte man in den Forderungen bis Prima auf Gymnasien und Realschulen nicht gehen. Werke, wie Plötz Manuel bieten viel mehr, als dort durchgenommen werden kann; solche sind für einen, der fertig ist und in einem Überblick übersehen will, was alles seit dem 16. Jahrhundert vorliegt und bei den Franzosen selber geschätzt war und noch geschätzt wird. Mittelalterliches Französisch werde nur in Proben bei der Geschichte gegeben.

Außer Englisch und Französisch kann keine weitere neuere Sprache in den allgemeinen vorbereitenden höheren Unterricht aufgenommen werden; sie mit dem Deutschen haben die letzten Jahrhunderte den Hauptbeitrag zur modernen Civilisation geliefert. Ehe wir zu der Frage über Latein und Griechisch fortgehen, sei hier noch eingeschoben, daß auf den höheren Schulen auch die wirthschaftlichen Kenntnisse weiter geführt werden müssen, als das auf der Volksschule möglich ist. Auf jeden Fall kann das vorkommen, was wir den Fortbildungsschulen zugewiesen haben. Es kann aber noch weiter gehen. Ein Mensch mit 18, 19 Jahren kann ganz wohl verstehen, worin die Bedeutung von

Industrie und Handel besteht, daß nämlich die heutige Industrie durch die Technik, durch den Maschinenbetrieb groß ist, weil sich dadurch Güter, Mittel der Bedürfnißbefriedigung, in reichlichen Mengen und billig herstellen lassen, und daß der Handel zwar nicht Güter hervorbringt, aber die vorhandenen an die Stellen überführt, wo ihr Nutzen im Augenblick am größten ist; da es bei Gütern nicht auf ihr Vorhandensein, sondern auf ihre Benutzung ankommt, so ist der Handel allerdings ein sehr wichtiges Stück wirthschaftlichen Gedeihens. Es kann darauf hingewiesen werden, daß Nordamerika eine so hohe wirthschaftliche Stellung einnimmt, nicht bloß, weil es soviel unerschöpfte Naturgaben hat, sondern weil daselbst aus den höheren Ständen die meisten sich gar nicht der Beamten- und Militärlaufbahn zuwenden, sondern der Ansicht folgen, es sei wichtig, daß die Intelligenz sich den wirthschaftlichen Verhältnissen widme. Swift hat gesagt, alle politische Kunst würde nichts sein gegen den, dem es gelänge, an einem Halme zwei Ähren wachsen zu lassen, ein Wort, das sich Friedrich der Große angeeignet hat. Auch bei uns könnte es durchaus nichts schaden, wenn die Intelligenz, intellectuelle Begabung mit hohem sittlichem Streben, sich mehr nach der wirthschaftlichen Seite wendete. Sehr wohl kann in einer Prima ausgeführt werden, was eigentlich die Aufgabe der Reichen wäre, worüber die Nationalökonomie seit 100 Jahren einig ist und was in jedem derartigen Buche fast mit denselben Worten steht, daß nämlich deren Aufgabe durchaus nicht ist, mehr und feiner zu genießen, als die anderen. Diese Genußkonsumtion hilft den Armen nicht, wie man früher meinte; den Armen hilft nur, d. h. führt ihnen Mittel zum Erwerb und reichlichen Lebensunterhalt zu, wenn die Reichen ihre Güter verwenden zur Beschäftigung sogenannter gemeiner Arbeit, durch welche wieder neue Güter hervorgebracht werden, sodaß einerseits stets eine Steigerung der vorhandenen Gütermenge statt hat, und andrerseits durch die Arbeit den Armen stets Gelegenheit geboten wird, lohnenden Erwerb zu finden. Die Controversen der Nationalökonomie sollen noch nicht vorkommen, die können überhaupt erst verstanden werden, wenn die Menschen mitten im Leben stehen und gesehen haben, wie das jetzige wirthschaftliche Ganze wirkt; danach läßt sich dann allenfalls eine Vorstellung davon entwerfen, was herauskäme, wenn es ganz und gar umgestaltet werden sollte.

 Wir machen hier gleich die Frage ab, ob auf den vorbereitenden höheren Schulen ein Religionsunterricht stattfinden soll über den der Volksschule und den Konfirmandenunterricht hinaus. Ein solcher

Unterricht ist allerdings wünschenswerth, muß aber mehr in geschichtlicher Weise gegeben werden. Bei der allgemeinen Geschichte mögen Proben aus den religiösen Schriften der Völker mitgetheilt, bei uns die Kirchengeschichte sehr berücksichtigt werden. Historische Achtung vor der Religion zu haben, als einer großen geschichtlichen Macht, kann in dieser Weise jedem zugeführt werden, und man kann so auch lernen, daß mit Religion oft ein höheres geistiges Streben und große geistige Regsamkeit verbunden gewesen ist. Der individuellen Freiheit des Einzelnen und seiner künftigen individuellen Stellung zur Religion wird dadurch in keiner Weise vorgegriffen.

Die Bekanntmachung mit Grundzügen des rechtlichen Lebens und den Einrichtungen des Staatslebens betreffend, so wurden gewisse Punkte schon für die Volksschule gefordert. Diese müssen so weitergeführt werden, daß ein abgehender Primaner im Großen und Ganzen allerdings Bescheid weiß, in welcher politischen Welt und in welchen speciellen politischen Verhältnissen er lebt. Es ist darum nicht nöthig, ihn in das Parteigetriebe des Tages hineinzuziehen.

Ein eigener Moralunterricht ist vielleicht nicht nöthig; wie schon beim Volksunterricht bemerkt, ist der ganze entworfene Unterricht moralisch; er soll ja den Menschen einführen in die Elemente unseres Lebens als werthvoll, und insofern er selber daran einmal Antheil nehmen soll, sie erhaltend und etwa höher bringend. Es steht jedoch nichts im Wege, daß in einem Lesebuch für höhere Klassen mit Musterstücken in guter Uebersetzung des Aristoteles Betrachtungen stehen, wie man die Aufgabe des Menschen zu bestimmen habe. Sie sind für Primaner durchaus verständlich und werden nicht verfehlen, Eindruck zu machen. Es können dort auch die Anwendungen Aufnahme finden, die Kant von seinem Moralgesetz gemacht hat, wie er z. B. die Frage über die sittliche Zulässigkeit des Selbstmordes, des lügenhaften Versprechens in Geldnoth beantwortet. Es hat das etwas sehr Anregendes mit 18, 19 Jahren und ist durchaus verständlich; die übrige Moralphilosophie Kants kann dabei noch ganz wegbleiben. Aus Schleiermacher können sehr wohl aufgenommen werden die 4 Sphären des sittlichen Lebens, das wirthschaftliche mit dem Recht, der persönliche Geschmack in der Gestaltung unseres Einzellebens und seiner nächsten Umgebung, die Wissenschaft mit der Sprache, das Gefühl, wie es sich in Kunst und in der Religion seinen mannigfachen Ausdruck geschaffen hat. Schleiermacher hat in manchen Stellen mehr in freier als in schulmäßiger Weise sich darüber ergangen, welche Stellen dem jungen

Manne einen sehr reichen Einblick in viele Verhältnisse eröffnen, und von der übrigen Philosophie Schleimachers ganz wohl trennbar sind.

Jetzt wenden wir uns zu der Frage: wie soll es mit Griechisch und Latein gehalten werden? soll es überhaupt in dem vorbereitenden höheren Jugendunterricht vorkommen, und wie soll es darin vorkommen? Soll es bloß vorkommen, wie wir Alt= und Mittelhochdeutsch vorbringen möchten, und etwa Alt= und Mittelenglisch und =französisch? also bloß geschichtlich vorkommen mit Proben? Es wird hiergegen geltend gemacht, daß die neuere Wissenschaft durchaus entstanden ist unter Einwirkung der Alten. Dies ist rundweg zuzugeben. Wenn nicht die Renaissance im 15. Jahrhundert gewesen wäre, so ist gar nicht zu sagen, ob irgend etwas von unserer jetzigen Zivilisation sein würde, wahrscheinlich wäre auch nicht die religiöse Freiheit. Das ganze Alter=thum hat damals auf die westeuropäische Menschheit umbildend ein=gewirkt; namentlich auch das freudige Lebensgefühl und das freudige Streben, das seit der Zeit das westliche Abendland erfüllt, ist wesent=lich eine Folge der Einwirkung des Alterthums, das in seiner Blüthe=periode durchaus dieses freudige Lebensgefühl gehabt hat. Im Mittel=alter war immer ein Schwanken zwischen Weltlust, die doch als Sünde oder als beängstigend empfunden wurde, und zwischen Weltflucht. So wahr das alles aber ist, so ist doch daran zu erinnern, daß schon um 1700 der Philologe Geßner ehrlich constatirt hat, in rerum cognitione, in Sacherkenntniß seien die Neueren bereits über die Alten hinaus=geschritten, aber in verborum disciplina, im Stil seien die Alten noch immer die unübertroffenen Muster. Damals war das Letztere bei uns in Teutschland durchaus richtig, von England und Frankreich galt es schon nicht mehr ganz. Seit unserer klassischen Literatur können aber auch wir vieles aufzeigen in verborum disciplina, was sich den Alten ebenbürtig an die Seite stellt. Dazu kann noch geltend gemacht werden, das Beste vom Alterthum sei längst in freier Nachbildung in die europäische Literatur übergegangen, und vieles sei in einer Weise übersetzt, daß es wie ein Werk unserer eigenen Literatur wirke. In der That darf man von Übersetzungen gar nicht gering denken. Wir alle stehen unter der Einwirkung Shakespeare's, vielleicht mehr als unter der Einwirkung der Göthe'schen und Schiller'schen Dramen, und haben sie doch ganz überwiegend auf dem Wege der Uebersetzung erfahren. Wenn wir dann auch eins oder das andere der Shake=speare'schen Dramen englisch dazunehmen, so werden wir kaum die Erfahrung machen, daß dadurch im Wesentlichen unsere Auffassung und

unser Gefühl geändert wird, wenn wir natürlich auch bemerken, daß in
der Übersetzung im Kleinen vielleicht allerlei anders und weniger gut
ist als im Original. Das Alte und Neue Testament haben die ganze
europäische Menschheit umgestaltet, aber nicht im hebräischen Text und nur
zum geringen Theil im griechischen. Die umgestaltende Wirkung ist
hauptsächlich eingetreten, als beide in die Volkssprachen übersetzt waren,
so die Luthersche Bibelübersetzung bei uns, die englische, die noch heute
für die Quelle des reinsten Englisch gilt, u. a. Es kann allerdings
eine Übersetzung eine Wirkung haben, die vielleicht das Original in den
Ländern gar nicht gehabt hat, wo es gelesen werden konnte. Ferner
muß man einräumen, man kann nicht schließen: weil die moderne
Kultur unter der Einwirkung der alten entstanden ist, darum muß die
antike Kultur mindestens ihren Grundzügen nach dem höheren vor=
bereitenden Schulunterricht stets zum Fundamente dienen. Es läßt sich
leicht zeigen, daß man nach derselben Analogie sehr wunderliche Schlüsse
machen müßte; denn danach müßte auch die antike Naturwissenschaft stets
die Grundlage der Naturwissenschaft auf unseren Schulen bleiben, was die
reinste Zeitverschwendung wäre und bloß Verwirrung in den Köpfen an=
richten würde.. Dann müßte man auch schließen, daß, um ein guter Protestant
zu werden, man vorher ein mittelalterlicher Katholik sein müßte, oder daß
man steinerne Werkzeuge zu gebrauchen hätte, ehe man zu den eisernen
griffe, denn die steinernen sind unzweifelhaft den eisernen vorangegangen.

Man muß die Frage ganz scharf auf Einen Punkt konzentriren:
Hat Griechisch und Lateinisch etwas an sich, was die
neuere Civilisation gar nicht geben kann, und das bei der
höheren Bildung doch nicht fehlen darf?

Um das zu beurtheilen, müssen wir die moderne Civilisation mit
dem Alterthum vergleichen, die Frage beantwortend: finden sich die
Hauptpunkte der modernen Civilisation im Alterthum und in welcher
Weise finden sie sich da? Die Antwort scheint zunächst für das Alter=
thum wenig günstig auszufallen. Was die Mathematik betrifft, so ist
die antike Mathematik unzweifelhaft der Ausgangspunkt und die Grund=
lage der neueren gewesen, aber die neuere ist weit über die alte fort=
geschritten, und selbst Euclids Methode wird heutzutage als zu wenig
heuristisch, zu wenig zur eigenen Auffindung anregend, mit Recht
bemängelt. Aus der antiken Naturwissenschaft ist heutzutage weniges
brauchbar und auch nur weniges direkter Anknüpfungspunkt, für die
neuere gewesen, das meiste hat ganz von vorne gemacht werden müssen.
Daher hat die antike Naturwissenschaft nur historisches Interesse. Was

die Technik betrifft, die ja mit der Naturwissenschaft so eng zusammen=
hängt, so ist dieselbe im Alterthum unendlich geringer gewesen als bei
den Neueren. Das Technische und das Wissenschaftliche hängen aber
so innig zusammen, daß das Mangelhafte des Einen auch das Mangel=
hafte des Anderen erklärt. So hat z. B. Kopp, der die großen Ver=
dienste um die Geschichte der Chemie hat, die Frage: warum sind die
Alten nicht auf die Chemie als Wissenschaft gekommen?, dahin beant=
wortet: „Die ersten Thatsachen der chemischen Wissenschaft konnten
nirgends anders her entlehnt werden als aus den Erfahrungen, welche
sich bei der Ausübung gewisser Künste, bei der Betreibung der Gewerbe
ergeben. Aber wie die Gewerbe bei den Griechen betrieben wurden,
war im Allgemeinen nur der ungebildetsten Klasse des Volkes bekannt.
Hinsichtlich der Künste war es nur der ästhetische Theil, welcher die
Aufmerksamkeit der Gebildeten auf sich zog; die dabei vorbereitenden
Arbeiten erregten nicht das Interesse derjenigen, welche eine wissenschaft=
liche Erkenntniß aus der Beobachtung derselben hätten ziehen können."
Es war so die Geringschätzung des Handwerks, das mehr und mehr
den Sklaven überlassen wurde, und von dem sich die Feingebildeten
fern hielten, was den Griechen die Ansätze zu werthvollen Wissenschaften
raubte. Wenn aber bei Kopp der Ausdruck so lautet, als ob die ästhe=
tischen Künste bei den Griechen sehr hoch geschätzt worden wären, so
ist da auch noch eine Modification anzubringen. Es giebt sehr merk=
würdige Stellen bei Plutarch und Lucian, also aus einer Zeit, wo es
unserer Meinung nach den Griechen längst klar sein mußte, daß ihre
bleibende Größe in Wissenschaft und Kunst bestand, aus denen hervor=
geht, daß sie zwar die Werke der Künstler sehr hoch hielten, aber die
Künstler selbst nicht hochschätzten, selbst die größten nicht. Die Stelle
bei Plutarch lautet: „Kein wohlgearteter Jüngling, der den Zeus in
Pisa oder die Hera in Argos gesehen, hat den Wunsch gefaßt, ein
Phidias oder Polyklet zu werden, noch auch ein Anakreon, Philetas oder
Archilochos, wenn er sich an deren Gedichten erfreut hatte; denn wenn
ein Werk als anmuthig ergötzt, so muß nicht nothwendig der, welcher
es verfertigt hat, der Beeiferung werth sein." Lucian schreibt: „Ein
gewöhnlicher Handwerker wird gehetzt wie ein Hase und ist die Beute
des Höherstehenden. Wenn einer aber auch ein Phidias und Polyklet
würde und viele bewunderte Werke ausführte, so werden alle zwar
seine Kunst loben, keiner aber, der sie gesehen hat, wird, falls er ver=
ständig ist, wünschen ihm ähnlich zu werden. Denn wie er auch sein
mag, er wird für einen Banausen und Handwerksmann und von seiner

Hände Arbeit Lebenden angesehen werden, der dafür sorgt, daß seine Werke schöne Ordnung und schöne Gestalt haben, daß er aber selber wohl geordnet und fein sei (χόσμιος), daran denkt er nicht, sondern macht sich selbst weniger werthvoll als einen Stein."

Über Technik, über Soziales und Politisches im Alterthum ist sehr Treffendes in einer Stelle von Schleiermacher enthalten, der das Alterthum sehr gut kannte und überaus hoch hielt, er kannte aber auch die Neuzeit. „Die Staatsideale der Griechen," heißt es dort, „beziehen sich überall auf ein kleines Gebiet, auf die Voraussetzung der Sklaverei, und auch der Einfluß ihrer beschränkten Begriffe von Völkerverwandtschaft und ihres Gegensatzes von Hellenen und Barbaren ist überall dem Kundigen leicht spürbar. Ebenso ist bei den Alten allgemein die Voraussetzung eines untergeordneten und zurückgezogenen Zustandes des weiblichen Geschlechts. Von den äußeren Gütern wird fast immer vorausgesetzt, daß sie dem Zufall unterworfen sind; selbst die Stoiker in ihren Trostgründen bei Unfällen setzen immer die damalige Ohnmacht des Menschen voraus." Dieses Gefühl der Ohnmacht — kann man hinzusetzen — hat bei den Griechen immer mehr zugenommen. Das drückt sich in der Rolle aus, die bei Polybius die τύχη spielt, die ihm gleichsam die Grundgöttin ist, und das hängt wieder damit zusammen, daß in der hellenistischen Zeit ihre wirthschaftlichen Verhältnisse sich nicht gebessert, sondern verschlechtert haben. Es war da bis auf einen gewissen Grad eingetreten, was früher ihr Ideal gewesen war, was Xenophon einmal so ausdrückt: „Griechen sollen Griechen Gutes thun, aber die Güter der Barbaren gehören denen, die sich ihrer bemächtigen"; auch das Ideal des sehr patriotischen Isokrates, Mitte des 4. Jahrhunderts, war gewesen: „die Griechen sollen sich vereinigen, um rings über die Barbaren zu herrschen und mit deren Gütern ihrer Armuth aufzuhelfen." Die griechischen Republiken in ihrer Blüthezeit hat Montesquieu nicht mit Unrecht geschildert als Gesellschaften von Athleten oder Kämpfern, bei denen die Gymnastik durch Musik gemildert worden. Treffend bemerkt von diesen Republiken in ihrer Blüthezeit Duclos: Freundschaft sei ihnen ein Wetteifer in patriotischer Tugend gewesen, Ehe ein Gesellschaftsgesetz — zur Erzeugung legitimer Bürger —, Liebe ein vorübergehendes Vergnügen — er meint die demi-monde-Verhältnisse, die in der neueren Komödie das Hauptsujet sind, — die ausschließliche Leidenschaft die Liebe zum Vaterland. Eine zusammenfassende staatliche Einheit brachten sie nie zu Wege, daher unterlagen sie, sowie sie mit starken Einheitsstaaten, Macedonien, Rom, zusammentrafen (Guizot).

Von den wirthschaftlichen Verhältnissen ist schon Einiges angedeutet worden. Ich füge noch bei: Xenophon sagt von den Zehntausend, die meisten seien nicht aus Armuth dem Cyrus zugezogen, aber wohl, um in bessere Verhältnisse zu kommen. Jedoch schon bald darauf sagen Isokrates und Demosthenes, die Armuth in Griechenland sei so groß, daß deshalb viele Männer als Söldner zu den Persern gingen. In der hellenistischen Zeit hat sich das nicht geändert. Polybius berichtet, daß viele sich der Ehe enthielten, um in bequemeren Umständen zu leben, oder nur ein oder zwei Kinder aufzogen, damit diese nachher in guten Verhältnissen leben könnten. Schon zu seiner Zeit machte man die Erfahrung, daß, wenn dann Krankheiten kamen, Häuser ausstarben und leer standen.

Die Religion der Griechen war Cultus der Staatsgötter; von Religionsfreiheit in unserem Sinne war nicht die Rede: Anaxagoras und Aristoteles haben sich vor der Anklage auf Asebie geflüchtet, Sokrates mußte in Folge einer solchen sterben. Wissenschaftliche Freiheit bestand bis auf einen gewissen Grad in der Kaiserzeit, mindestens waren in Athen 4 Lehrstühle für die 4 berühmtesten Philosophien errichtet, die Akademiker, Peripatetiker, Stoiker und Epicureer, und reichlich dotirt; die Wahl des Nachfolgers lag in der Hand der angesehensten Schulgenossen und war so frei.

Dies sind die Schranken, man kann wohl sagen, auch die Mängel des Griechenthums. Aber es giebt eine Kehrseite. Innerhalb dieser Schranken und trotz dieser Mängel war in den Griechen eine schöne Menschlichkeit entwickelt, leiblich und geistig, die noch immer einen einzigartigen Eindruck macht, und in ihrer Literatur liegt vor eine Verschmelzung sachlicher Wahrheit mit ästhetischem Ausdruck, der noch heute erregend wirkt, nicht bloß lehrt, sondern etwas von seinem Geist dem Leser einflößt, d. h. die verwandten Saiten in ihm erweckt. Darum haben Männer, wie Ranke — ich nehme absichtlich keine Philologen, die könnte man in eigener Sache für befangen halten — geurtheilt, in den Griechen rede die Menschheit selber, durch Stellen von Pindar und den Tragikern werde man wie in höhere Regionen erhoben gegenüber den modernen Verhältnissen. Döllinger bemerkt, sowie die Juden mit der griechischen Bildung bekannt geworden seien, hätten sie auch wahrgenommen, daß die griechischen Denker eine Menge ewiger sittlicher Gesetze entdeckt hatten, die man vergebens in den alttestamentlichen Offenbarungsschriften suche, und diese sofort ihrem Volke zuzuführen sich bestrebt.

Das Nähere dieser griechischen Geistesart entnehme ich absichtlich nicht den Dichtern und Philosophen, sondern den Historikern und Rednern; denn es handelt sich darum, wie das Volk wirklich war, nicht darum, wie es sich poetisch oder philosophisch wünschte zu sein. Danach sind die Grundzüge griechischer Art auch innerhalb ihrer Mängel und Schranken etwa diese: Der Mensch ist zum Handeln geboren, nicht zum passiven Geniessen. Der Mensch, mindestens der Hellene, kann verständig sein, es kann die Überlegung, der λογισμός, über die Affekte und auch über den bloß animalischen Muth in ihm herrschen. Das Höchste ist nicht Geld und Reichthum, nicht die materielle Sicherheit und bloße Erhaltung des Lebens, sondern das Schöne (τὸ καλόν) oder die Tugend. Tugend ist, was Lob und Ehre bei den Menschen findet, hieran ist sie erkennbar; diese Freude am Loben ist menschlich. Solche Ehre bringt besonders alles, was zum gemeinsamen Nutzen beiträgt (τὸ κοινῇ συμφέρον), z. B. der Tod fürs Vaterland, Bildung, Beredsamkeit, Aufrichtung und Erhaltung gesetzlich geordneter Zustände. Alles Maßvolle im menschlichen Handeln und Leben gehört zum Schönen. Das Schöne ist an sich werthvoll. Wahrheit ist aus sich stark. Das Gerechte ist unbesiegbar, wenn man nur versteht, es richtig darzustellen. Die Tugend ist schon in diesem Leben die größte Glückseligkeit, deren der Mensch fähig ist, die Eudämonie ist so von innen, der Gerechtigkeit, der Mäßigkeit z. B. wohnt sie unmittelbar ein. Im Durchschnitt hilft das Schöne auch zum Leben und Gedeihen; der Tapfere kommt viel weiter und lebt viel länger als der Feige, aber selbst auf die Gefahr des Todes, im Krieg z. B., folgt der gute Mensch dem Schönen mit Hoffnung und ev. mit Ergebung. Scheu vor verdientem Tadel, αἰσχύνη, ist freien Männern der größte Zwang. Das Bewußtsein, sich schämen zu müssen, ist der furchtbarste Zeuge und Ankläger, ein schlechtes Bewußtsein, sagt Demosthenes, macht den Menschen schwach. Größerwerden im Privatleben und Völkerleben hat nur Bestand, wenn Gerechtigkeit dabei ist. Es giebt ein Auge des Rechtes, das wir Menschen nie verachten dürfen. Nur dem Thätigen helfen die Götter, aber den Hochmüthigen erniedrigen sie. Der Staat besteht nicht aus den Mauern und Häusern, sondern aus den Menschen. Sein Höchstes ist die Freiheit. Keinen Menschen als Herren anzubeten, sondern nur die Götter, ist nach Xenophon hellenisch. Freiheit ist, keinen Herrn haben; Knechtschaft der Einzelnen und eines Staates ist, daß er das von anderen Besohlene thun muß; Freiheit ist die Macht selbst zu handeln (ἡ ἐν τῷ ποιεῖν ἐξουσία), und zeigt sich in der offenen Rede (παρρησία), daß man nämlich anderen gegenüber mit seiner Meinung nicht zurückzuhalten braucht. Abwehr von Unrecht ist das oberste Recht nach Demosthenes und noch nach Lucian ist, sich eine Vergewaltigung gefallen zu lassen, unmännlich und einfältig, noch nach Plutarch ist Tyrannenhaß höchstes Lob. Dabei mangelt es ihnen gar nicht an Selbsterkenntniß ihrer Fehler. Alt ist Bestechlichkeit bei ihnen, verhältnißmäßig sehr alt. Dann kennen sie an sich die Gefahr der sinnlichen Lust und der Scheu vor Anstrengung. Nach Polybius ist die Begeisterung für das Schöne bei vielen zu finden, sich darum thätig zu bemühen bei wenigen, und nur Seltene bringen es zum Ziel. Als ihre größte Zeit haben sie sehr bald die Perserkriege und die Jahrzehnte darnach erkannt. Sie führen selbst das Urtheil an, das Anacharsis in der Zeit Solons über die Volksversammlungen gefällt haben soll: es redeten bei den Griechen die Wissenden und entschieden die Unwissenden. Auch den Zug heben sie hervor, den die Freiheits= liebe und die Lust, Führer zu sein, bei ihnen gehabt hat. Es entstand daraus der stete Kampf um die Führerrolle, nicht bloß zwischen Athen und Sparta, sondern auch später fortwährend unter den Peloponnesiern selbst.

Unübertroffen sind sie in Menschenkenntniß; alle Züge menschlicher Natur bei sich und bei anderen haben sie klar erfaßt und kurz und plastisch im Ausdruck hingestellt. Man denke an Thucydides Bemerkungen über geschichtliche Wahrheit, die sich an verschiedenen Stellen bei ihm finden und noch heute zutreffen. Theophrast's Charaktere sind anregend für sehr große werthvolle Produktionen ähnlicher Art in der Neuzeit gewesen. Aussprüche bei Menander und Philemon sind mit Recht gefeiert. Als man Indien in der Neuzeit wieder kennen lernte, war man erstaunt, wie genau die Berichte der Officiere Alexanders des Großen über Indien auch auf die neueren Verhältnisse noch paßten. Gedanken von ihnen, die ihre tiefe Menschenkenntniß zeigen, sind z. B.: „Zur Tugend und Bildung braucht man Muße", ein Satz, den man bei uns jetzt erst anfängt einzusehen. „Reichthum und eigentliche Armuth sind nicht günstig für Tugend"; bei uns hat man oft gemeint, Armuth wäre ein besonders geeigneter Boden für Tugend. „Dem Thätigen und Wagenden fallen φύσει, der Natur der Sache nach — wie wir uns gern ausdrücken, durch die Logik der Verhältnisse — die Güter der Nachlässigen zu." „Fehlen ist menschlich, göttlich oder gottähnlich ist es, Fehler wieder gut zu machen." „Große Anstrengungen scheinen große Erfrischungen zu verlangen"; sie bemerken das Letztere in Bezug auf die überseeischen Kaufleute und in Bezug auf die Söldner, beide Berufsarten sind nach ihnen daher nicht unbedenklich. „Der Mensch ist ein vielfach in sich selbst widersprechendes Wesen; es kommt vor, daß einer großen Muth auf der Jagd zeigt und geringen im Krieg und umgekehrt, daß er sehr muthig ist im Kleinkrieg, aber nicht in offener Feldschlacht und umgekehrt."

Das alles gilt von den Griechen in ihrer großen Zeit, später ist das Bild vielfach anders. Man hat nicht mit Unrecht gesagt, daß die Griechen in der Kaiserzeit Knechte dünkelhaften Scheinwissens geworden seien neben großen Leistungen besonders in Mathematik, Medizin und Naturwissenschaft (hier Dioskorides, Ptolemäus). Schon zu Augustus Zeit waren ihre Liebhabereien Disputationen der Grammatiker, der Sprach- und Alterthumsgelehrten, Festspiele in Olympia und ähnliche Wettkämpfe, Einweihungen in Mysterien; durch die Periegeten überwucherten die mythischen Erzählungen jede Lokalität des Landes. Lucian behauptet, die Rhetoren seiner Zeit gäben zusammengeflickte Stellen aus Demosthenes für Beredsamkeit. Aber selbst in dieser späteren Zeit gilt noch von den Griechen, daß die untergehende Sonne immer doch Sonne ist.

Wir wenden uns gleich zu der Eigenthümlichkeit der Römer. Vergil hat den Griechen im Unterschied von den Römern nachgerühmt, als unübertroffen, die Plastik, die gerichtliche Beredsamkeit, die Astronomie; den Römern hat er die politische Herrschaft zugesprochen als ihr Theil, wobei ihre Herrschaft ihm gleichbedeutend ist mit der Herstellung friedlicher und geordneter Zustände in der damals bekannten Welt; sie haben das gewiß selbst in gutem Glauben als eine Wohlthat für die Mittelmeerstaaten angesehen. Ihr eigentlicher Grundzug ist von Haus aus praktische Zweckmäßigkeit, ihre Hauptfrage das cui bono? wem nützt die Sache? nützt sie überhaupt? Ihre Willensenergie war ungeheuer, sie wollten alles zwingen, womit es ihnen nach Polybius oft glückte, manchmal aber auch, namentlich zur See, arg mißglückte. Das Individuum wird bei ihnen streng dem Staate untergeordnet, der einzelne Fall der allgemeinen Regel, der Moment dem dauernden Zustand. Damit hängt zusammen, daß sie das Recht von Alters her aus dem Bereich des Gefühls und Gemüths, der phantasievollen Auffassung, in das des berechnenden Verstandes versetzten; das Recht ist ihre eigentliche originale Produktion. Alle diese Seiten des römischen Wesens drücken sich in der lateinischen Literatur aus bis in die Sprache hinein, selbst da, wo diese unter der Anregung der Griechen steht. Ihre große Produktion, eben das Recht, beherrscht besonders auch ihre Sprache; überaus viele Wendungen des Lateinischen sind nur aus der juristischen Technik verständlich, was sehr oft noch übersehen wird. Nicht gelungen ist den Römern trotz ihrer weitverbreiteten municipalen Verwaltung der wirthschaftliche Ausgleich, an den Gegensätzen äußerster Armuth und ungemessenen Reichthums, besonders an Grund und Boden, sind sie in sich selbst entartet.

Das den Griechen und Römern Gemeinsame können wir so formuliren: alle Züge menschlichen Wesens treten mit großer Klarheit und doch durch Verstand oder Schönheitssinn gemäßigt in ihrer Literatur auf. Die sinnlichen Grundlagen des Lebens sind anerkannt, aber stets durch das höhere Geistige, Intellektuelle oder Aesthetische, irgendwie gehoben zugleich und gedämpft. Der großen Zeit des Alterthums eigen ist das Bewußtsein, daß der Mensch zu seiner Entwickelung der Gemeinschaft mit Menschen bedarf, daß geistiges Leben sich nur auf Grundlage der sinnlichen und der materiellen Bedürfnißbefriedigung entfaltet, beides aber, das Sinnliche und das Materielle, gemäßigt sein muß. Es ist das Idealgeistige bei ihnen regsam, aber auf dem Untergrund und in steter Beziehung zum Realen, das doch nicht die Oberherrschaft bekommt. Hierin liegt ihre ewige Wahrheit, und innerhalb dieser haben sie eine solche Fülle von Einzelwahrheiten über menschliche Dinge ausgesprochen und solche Typen menschlichen Wesens hingestellt, daß sie für Erweckung dessen, was immer noch die wahrste und erfolgreichste menschliche Art ist, unersetzlich sind. Zweifelsohne ist durch das Christenthum in die Welt gekommen, daß die Menschen vor Gott gleich sind, daß das innerste Wesen des Menschen eine Scheidung in Hellenen und Barbaren oder eine ähnliche nicht zuläßt, und das alte und mittelalterliche Christenthum hat sich der Armen und Kranken in Barmherzigkeit angenommen, aber die Anstrebung socialer und irdischer Gleichheit, wie die principielle Aufhebung der Sklaverei, der Leibeigenschaft u. s. w. ist erst das Werk der Neuzeit. Das alte Christenthum war ins Jenseits idealisirend, abgewendet von der Weltwirklichkeit und ängstlich ihr gegenüber. Durch die Wiederbelebung des Alterthums in der Renaissance ist der Zug in die westeuropäische Menschheit gekommen, die Weltwirklichkeit selbst zu idealisiren, d. h. stetig zu verbessern, Christliches und Hellenisches zu verschmelzen und weiterzugestalten in einer eigenthümlichen modernen Entwicklung. Es ist daher überaus wichtig, daß der Geist Homers, der Tragiker, der großen Historiker und Redner der Griechen erhalten bleibe zusammen mit dem Besten, was die Römer ihrerseits oder unter griechischer Anregung gegeben haben.

Wenn also das Alterthum in der höheren Jugendbildung allerdings immer eine Stelle behalten muß, so fragt es sich doch: wie soll

6*

dieselbe sein? Denn es ist vielleicht gar nicht nöthig, daß sie so bleibe, wie sie bisher war. Um jene Frage zu beantworten, müssen wir erst feststellen, was von dem bisher für den vorbereitenden höheren Unterricht Ausgeführten auf jeden Fall bleiben muß. Da kann es nun gar keine Frage sein, daß für alle höheren Schulen die Mathematik, die Naturwissenschaft, die Einleitung in die Technik, ebenso das Volkswirthschaftliche und bei uns der deutsche Unterricht ganz gleich sein muß. Denn das sind die eigenthümlichen Grundlagen der modernen Civilisation, und darin sind auch die Mittel gegeben zu all den eigenthümlichen Aufgaben, die unserer Civilisation jetzt und noch für lange Zeit werden gestellt sein. Hier kann ein Unterschied in den Forderungen für Gymnasien und Realschulen nicht gemacht werden, es müssen die höheren Stände, d. h. diejenigen, welche die Leitung der Gesellschaft haben sollen, eine gleiche Grundlage ihrer Bildung im Wesentlichen erhalten. Es darf nicht so sein, daß eine mathematisch-naturwissenschaftliche Bildung auf der einen Seite steht und auf der anderen eine sprachlich-humanistische; schon heute verstehen sich die beiden bis jetzt doch bloß überwiegenden Abtheilungen der Gebildeten oft gar nicht mehr. Es hat das die größten Unzuträglichkeiten zur Folge. Es ist aber auch keinem Zweifel unterworfen, wer den Sieg davontragen wird. Der wird ihn davontragen, der auch die mathematisch-naturwissenschaftliche und volkswirthschaftliche Bildung hat und weiß, was diese für Mittel an die Hand giebt zur Erhaltung und Weiterbildung der Gesellschaft — der innerhalb des Rechts freien Vereinigungen — und der Staaten.

Das Alterthum kann auf den vorbereitenden höheren Schulen in verschiedener Weise erhalten werden. Bain, der englische Psychologe, steht in England an der Spitze einer Assoziation für eine Änderung des Schulwesens, die durchaus auf Mathematik und Naturwissenschaft, auf socialwissenschaftlichen und humanistischen Kenntnissen beruhen soll, die letzteren in dem Sinne, daß nicht nur die eigene Literatur, sondern auch das Beste der Literaturen der fremden Völker studirt wird. Unter diesen fremden Völkern nehmen bei ihm eine hervorragende Stellung die griechischen und römischen Autoren ein, aber in Übersetzungen. Praktisch ist das bis jetzt, soviel mir bekannt, noch nicht geworden, sondern diese Männer unterhalten eine Agitation, es einzuführen. In Frankreich ist der ministerielle Plan für die neuen höheren Schulen ähnlich. Es soll gelernt werden Französisch, Deutsch, Englisch, resp. Spanisch, Italienisch an den betr. Grenzen. Deutsch ist für die ganze Nation obligatorisch. Der Sprachbetrieb soll wissenschaftlich sein; die großen Denker und Dichter der betr. Sprachen sollen die Schüler kennen lernen und mit der geschichtlichen Entwicklung der Sprache vertraut werden, auch ältere Werke der drei Sprachen sind zu lesen. Lateinische und griechische Klassiker werden in französischen Übersetzungen durchgenommen. Außerdem wird gelehrt Geschichte, Geographie, Mathematik, Physik, Naturgeschichte, Zeichnen, Buchhaltung, und ein Überblick über Philosophie und Ethik gegeben, sowie Grundzüge des Rechts und der Volkswirthschaft. Aber auch in Frankreich ist die Sache noch nicht über den Plan hinausgekommen.

Bei uns in Deutschland möchte eine große Richtung mindestens das Latein beibehalten, sich darauf berufend, daß gerade die lateinische Grammatik und Syntax etwas von juristischer Logik, und die ganze Art des Latein sozusagen etwas von militärischer Strammheit an sich habe, und daß das Latein von dieser Seite, abgesehen von seinem geschichtlichen Verhältniß zu den romanischen Sprachen, einen sehr heilsamen Einfluß für die höhere Jugendbildung besitze. Eine Empfehlung dieser Ansicht könnte sich herleiten lassen aus dem, was der Herzog Ernst von Gotha über seine Jugendbildung berichtet in der Schrift „Aus meinem Leben": „Wir (er und sein Bruder) erhielten gar keinen griechischen Unterricht, wogegen Naturgeschichte, Chemie und Physik in einer Ausdehnung uns geläufig gemacht wurden, welche damals in Deutschland ganz ungewöhnlich war. Die Naturwissenschaften haben etwas Befreiendes. — Besonders wurde Mathematik und lateinische Sprache mit uns betrieben, Latein als formale Bildung und bis zum mündlichen Gebrauch der Sprache. Der Mangel an griechischem Unterricht wurde durch eine ausgebreitete Lektüre von Übersetzungen oder Nachbildungen der klassischen Literatur und durch sorgfältigen ernsten Betrieb der neueren Sprachen ersetzt." Praktisch ist bei uns jetzt seit Ostern ungefähr etwas davon in den Realgymnasien, das Latein ist dort nicht ganz so, wie diese Richtung es meint. Eine praktische Probe hat daher auch diese Richtung noch nicht bestanden. Auf jeden Fall fehlt bei ihr Eins. Das Griechische hat seit der Renaissance eine sich stets steigernde Wirkung gehabt, und es fragt sich daher: lassen sich Latein und Griechisch oder Griechisch und Latein nicht beide erhalten? Es wäre das wohl ausführbar mit Festhaltung von alle dem, was S. 84 gesagt worden ist, aber freilich müßte man Griechisch und Latein einschränken auf das, was im Original noch immer einen größeren Eindruck macht, als auch in der besten Übersetzung. Das praktische Sprechen muß ganz wegfallen; man kann sich griechisch und lateinisch über die alte Welt in der Weise der Alten unterhalten, aber nicht das damit leisten, was man jetzt unterhalten nennt, sich über gegenwärtige Eindrücke nach gegenwärtigen Empfindungen äußern. Dagegen müßte durchaus bleiben der formal-sprachliche Unterricht, wie er vor der Reform von Ostern geübt worden ist oder geübt werden sollte; der hatte unzweifelhaft das Bildende, daß er logisch-ästhetisch schulte wegen der besonderen Art der griechischen und lateinischen Sprache; es steckte in diesem sprachlichen Betrieb nicht bloß das grammatische Element, sondern auch ein dialektisches und rhetorisches. Dazu müßte der formal-humanistische Betrieb treten, also was man gemeinhin Lektüre nennt. Jeder von diesen beiden Betrieben müßte Selbstzweck sein und doch einer dem andern dienen. Was die Literatur betrifft, so müßte man sie freilich chrestomathisch halten, was einzelne ganze Stücke nicht ausschließt. Wenn man zusammenstellt, was bisher wirklich gelesen worden ist, so war das chrestomathische Verfahren auch bis jetzt das übliche.

Im Griechischen käme zuerst ein Buch, wie das frühere von Jakobs war, zur Einübung der Formenlehre, und dann folgte bald ein Buch, welches das Beste enthielte von Erzählung und Rede aus Anabasis und den Hellenika. Herodot würde nur in Proben gegeben, wie er sich griechisch ausnimmt; die Perserkriege müssen doch nach ihm erzählt werden, in den höheren Klassen können dann die nothwendigen kritischen Bemerkungen zu der Darstellung Herodots hinzugefügt werden. Aus Thucydides ist aufzunehmen die wachsende Macht Athens, die Pest, die Leichenrede des Perikles — diese müßte man auswendig lernen lassen —, die Ereignisse in Pylos und auf Sphakteria, die sicilische Expedition. Von Demosthenes gehören herein die beste der olynthischen und die beste der philippischen Reden, Stücke aus der Rede über den Kranz. Auch Theile aus Aristoteles πολιτεία Ἀθηναίων nehme man, wenn erst ihr Werth ganz sichergestellt ist. Aus der Odyssee wären aufzunehmen die schönsten Gesänge: die 3 Bücher der Irrfahrten, Nestor und Menelaos, Nausikaa; das Übrige kann ganz gut deutsch gelesen werden; aus der Ilias alle Verse, welche bei den Alten als Lebensregeln vorkommen — sie war bei den Alten viel mehr das homerische Hauptbuch als die Odyssee —, dann die schönsten Partien: das 1. Buch, der Anfang des 2., Glaukos und Diomedes, Hektors Abschied von Andromache, die Gesandschaft an Achilles, der Schild desselben; das übrige kann deutsch erzählt werden. Aus Hesiod müßten Aufnahme finden die 4 Weltalter, Sprüche aus Werken und Tagen; aus der lyrischen Poesie die Oden von Sappho, ein paar

Skolien, eine Auswahl aus Theognis. Von Sophokles wäre zu lesen Antigone, Philoktet und Ajax; es sind das die Stücke, von denen wir uns noch unmittelbar angesprochen finden; die anderen mögen deutsch vorgelesen werden, sie hängen mit besonderen Auffassungen der altgriechischen Mythenwelt zusammen. Noch gehören in solch ein Buch, das wohl 2 Bändchen füllen wird, Stellen aus Plato: 1) die Hauptgründe der Ideenlehre und die Schilderung der Ideenwelt; es hat das für die jugendliche Phantasie etwas überaus Anregendes; Plato hat eine Kraft das höhere Geistige zu wecken, wie sie in der Neuzeit nur Fichte besaß; 2) aus der Sittenlehre die 4 Kardinaltugenden und die Fragestellung: giebt es wirklich Gerechtigkeit (Ring des Gyges) oder ist alles bloß äußere Rücksicht. Diese Frage kann auch die Jugend überaus fesseln und gerade in der platonischen Darstellung. Aus Polybius endlich müssen dasein die Abschnitte über Art und Charakter und Verfassung der Römer, es ist das das Beste, was wir überhaupt über dieselben besitzen. Plutarchs Lebensbeschreibungen sind zu lesen, aber deutsch.

Was das Latein angeht, so fällt der praktische Gebrauch der Sprache weg (S. 85-6), dagegen muß der formal-sprachliche Betrieb in der alten Weise aufgenommen werden und das formal-humanistische hinzutreten. Das erste Lesebuch muß nur Römisches enthalten, und dann eine Chrestomathie in 2 Bändchen folgen, enthaltend eine Auswahl des Besten aus Cäsars bellum gallicum — das Übrige kann man nach ihm erzählen —, aus Livius eine Auswahl des Römischsten, Proben aus Sallust, aus Tacitus Annalen die Erzählung über Tiberius und Nero, und Stücke der Germania. Aus Cicero's Reden müßten die schönsten Stellen ausgesucht werden; als Ganzes ist er eigentlich nur noch für die Italiener voll genießbar, die noch heute sagen, um die Begeisterung der Römer für Cicero zu verstehen, müsse man Italiener sein, diesen reichen und breiten Strom der Rede, dies Volltönende der Worte könnten nur sie ganz nachempfinden. Aus den Briefen wäre eine größere Auswahl zu treffen; sie sind Meisterstücke solcher Darstellung, von denen die neuere Litteratur meist einräumt, daß sie ihnen nichts ganz Ebenbürtiges an die Seite zu stellen habe. Einige Stellen auch der philosophischen Schriften sind für die Jugend anziehend, nicht viele. Aus Ovids Metamorphosen müssen die schönsten und aus sich selber verständlichsten gekannt werden; er hat eine malerische Phantasie, und es ist nicht zufällig, daß die italienischen Maler der Renaissance so überaus viele Stoffe aus ihm genommen haben. Von Vergil gehören her Buch 2, 4, 6 der Äneide; das übrige ist längst erkannt als durchaus nicht so hochstehend, wie man es früher schätzte. Aus Horaz Oden ist eine Auswahl zu treffen. Horaz ist zwar ein Dichter zweiten Ranges, aber solche, wie z. B. auch Pope war, sind oft die allerverbreitetsten, die, welche in den größten Kreisen Wiederhall finden. Aus den Episteln und Satiren sind einzelne Sentenzen oder kleine in sich abgerundete Abschnitte aufzunehmen; aus Plautus und Terenz einzelne Scenen, die sehr lebendig sind und in Übersetzung kaum ganz erreichbar. Endlich müßte noch kommen, was heutzutage ganz fehlt, obwohl es die originale Größe der Römer ausmacht; den Schluß müßten bilden noch heute wichtige Begriffe des römischen Rechtes aus Gaius, aus den Institutionen und Pandekten.

Wie kann dieser griechische und lateinische Unterricht aber näher eingerichtet werden? Da bin ich schlechterdings der Ansicht, daß man mit Latein und Griechisch erst anfangen soll von Untertertia an. Ein ähnlicher Versuch wird seit Ostern in Frankfurt a. M. gemacht mit Genehmigung der Regierung; auf dem einen städtischen Gymnasium wird in Sexta Französisch begonnen, Latein in Untertertia, Griechisch in Untersekunda, beides mit verstärkter Stundenzahl, weil das gewöhnliche Pensum erreicht werden soll. Diese Einrichtung beruht in Frankfurt a. M. nicht auf einem bloßen Einfall, sondern hat ihre historische Anknüpfung. Ich war dort Schüler auf dem Gymnasium, und es war Sitte, daß die Söhne aus den Kaufmannskreisen besonders zuerst die Realschule besuchten, die damalige Musterschule; sie brachten, wenn sie dann etwa in die Quarta des Gymnasiums eintraten, eine französisch-sprachliche, eine mathematische und naturwissenschaftliche Grundlage mit, die wir übrigen nie einbrachten. Latein hatten sie etwa ein Jahr lang vor ihrem Eintritt privatim getrieben. Diese Sitte hatte vor allen Dingen den Vortheil, daß sich niemand dem Gymnasium zuwendete, der nicht eine große Leichtigkeit im Lernen hatte, die bei der Höhe der Gymnasialbildung stets vorausgesetzt werden muß. Mein Vorschlag würde nun sein, das Griechische sofort in Untertertia zu beginnen, das Latein in Untersekunda hinzuzufügen, indem man Griechisch und Latein auf das eingeschränkte, was vorhin dargelegt worden ist. Im Latein ergiebt sich ein Weniger gegen bisher, im Griechischen vielleicht in der Lektüre ein Mehr.

Wird das alles aber nicht zu viel? Wir verlangen von den Gymnasien die höchste mathematisch-naturwissenschaftliche Bildung mit Einleitung in die Technik und Volkswirthschaft, die überhaupt auf vorbereitenden höheren Schulen ertheilt wird, und nun soll außer Deutsch, Geschichte und Geographie das Latein und Griechisch doch auch mit Hauptpunkten des Englischen und Französischen hinzukommen? Darauf sei die Antwort: dem Zuviel läßt sich durchaus vorbeugen; es dürfen nicht mehr als 5 Lernstunden an einem Tage überhaupt sein. Darüber sind eigentlich alle Pädagogen über Westeuropa hin einig, daß, wenn das Gehirn nicht überanstrengt werden soll, unerbittlich ein Strich durch das Mehr gemacht werden muß. Nichts steht dabei im Wege, daß Turnen, Singen, Zeichnen, Handfertigkeit noch in Extrastunden fällt, etwa an 2 Nachmittagen. Für Mathematik und Naturwissenschaften müßten in jeder Klasse 9—10 wöchentliche Stunden bestimmt sein, für Sprachen und Geschichte u. ä. 20 bis 21, für Hausarbeiten höchstens in den obersten Klassen 3 Stunden. Alle Hausarbeiten müßten in der Schule vorbereitet sein, so daß mit Sicherheit darauf gerechnet werden kann, daß nur der Abschluß oder die letzte Fixirung zu Hause zu machen ist; was dann von den 3 Stunden übrig bleibt, kann dem Privatbetrieb nach Neigung, aber mit irgend welcher Leitung des Lehrers, zugewiesen werden. Der Schulbesuch dürfte nur bis zum 19., höchstens 20. Lebensjahr gehen, dann ist der Mensch soweit, daß er bis auf einen gewissen Grad selbständig werden muß, und er paßt nicht mehr in die Disciplin, wie sie auf Schulen immer sein muß. Die Universitäten und technischen Hochschulen müssen an das anknüpfen, was sich bis zum 19. oder 20. Jahre mathematisch-naturwissenschaftlich und sprachlich-humanistisch erreichen läßt. Es würde sich bald herausstellen, daß ungefähr den Hauptsachen nach soviel erreichbar ist, als es etwa vor 30 Jahren der Fall war. Durchaus muß Forderung sein, daß die Jugend neben diesem Schullernen körperlich aufblühen und geistig frisch bleiben kann, was heutzutage nicht ganz der Fall ist. Die jungen Leute kommen immer allgemeiner von dem Gymnasium zur Universität nicht mehr, wie es noch zu unserer Zeit der Fall war (1858), mit dem größten Heißhunger, über alle möglichen Studien herzufallen, sondern sie beziehen heutzutage meist etwas erholungsbedürftig von dem Abiturientenjahr her die Hochschule. Es ist das ein schweres Gebrechen, und überwiegend ein Fehler nicht der Schüler, sondern der Institution. Es dürfen eben die Forderungen auf der Schule nicht so gehalten werden, daß darüber die körperliche Entwicklung zurückbleibt und eigentlich eine geistige Erschlaffung und Ermüdung nach der Schule eintritt; es muß körperlich und geistig immer ein Überschuß von Kraft da sein, der sich darnach sehnt, immer noch mehr und mehr auch nach der geistigen Seite sich zu bethätigen. Daß eine Überbürdung statt hatte, ist gar keinem Zweifel unterworfen. Man muß nur nicht die Schüler fragen, selbst nicht, wenn sie nun Studenten sind; sie sagen auch dem Professor auf Universitäten nicht, wie sie im Stillen benken; man muß andere Quellen haben. Wenn man als Gymnasiallehrer die Beobachtung gemacht hat, daß ein ganz fleißiger und begabter Schüler im Sommer außer einer Stunde zum Baden keine Freizeit hatte und bis 11 Uhr bei der Arbeit saß, so ist das ein grundverkehrter Zustand, der zum Ruin führen muß. Wenn Schüler aus Angst vor dem Abiturientenexamen so arbeiten, daß auch die Besten schlecht aussehen, und schließlich vor lauter Durcheinanderwirbeln des Vielerlei im Gedächtniß fürchten, daß sie gar nichts mehr wissen, so liegt etwas Grundverkehrtes und Verderbliches vor.

Können nicht, wie bei den niederen, so auch bei den höheren Schulen neben den öffentlichen Anstalten auch Privatanstalten bestehen? Unbedingt ist zu sagen, es wäre der größte Segen, wenn dem so wäre. An der Spitze einer Privatschule steht ein Mann auf eigene Gefahr, also meist ein Mann, der eigene Ideen hat, Eifer für dieselben hat, der ohne Hast das, was er erproben möchte, betreiben kann und außerdem darauf angewiesen ist, persönliches Vertrauen statt bloß amtlicher Autorität bei den Eltern seiner Schüler zu finden. Privatschulen sind auch hier der einzige Boden, wo neue Methoden, abgekürzte Verfahrungsweisen u. s. w. mit Aussicht auf Erfolg und ohne größere Gefahr, weil man gleich einlenken kann, probiert werden können. Solche Proben sind unerläßlich. Man kann in den complicirten geistigen und auch physiologischen Dingen — lernen hat immer eine physiologische Seite — aus der reinen Theorie nicht endgiltig entscheiden, es sind immer geniale Männer erforderlich, die freien Raum haben, sich oder andere auszuprobiren. Dies wäre der einzige Weg, die Frage zu entscheiden, ob eine Bildung, wie sie Bain in England und das Ministerium in Frankreich will (S. 84-5), wobei die Klassiker bloß in Übersetzungen getrieben werden, dieselben Resultate für Auffassung, Gesinnung und Veredlung des Menschen liefert, wie wenn man sie in ihrer eigenen Sprache traktirt. Sollte es je dahin kommen, daß auf den höheren Schulen Latein und Griechisch wirklich entbehrlich würden, dann müßte für diejenigen, welche Jurisprudenz studiren, in Secunda und Prima ein Nebenunterricht in Latein eingerichtet werden, falls man dann noch das Recht auf das römische Recht gründet. Für die, welche Theologie oder klassische Philologie studiren wollen, müßte ein Vorbereitungsunterricht im Griechischen statthaben von Secunda an. Es wäre das ebenso, wie es jetzt bei den künftigen Theologen mit dem Hebräischen gehalten wird. Aber, wie gesagt, anders als durch eine lange erfahrungsmäßige Vergleichung läßt sich nicht ausmachen, ob der englisch-französische Gedanke ausführbar ist ohne Verlust für die geistige Art der künftigen Generation, oder ob ein verbesserter Betrieb (S. 85-9) griechischen und lateinischen Unterrichts festgehalten werden muß.

Ein Abiturientenexamen würde es auf den vorbereitenden höheren Schulen der Art nicht geben. Im letzten Jahr würden die schriftlichen Arbeiten, auch Clausurarbeiten, dem Schulrath vorgelegt, auch die der ev. Privatanstalten, und derselbe besucht zweimal in dieser Zeit die Schule, und es wird in seiner Gegenwart repetirt. Die Reisevorschläge der Lehrer werden ihm dann unterbreitet. Werden etwaige Bedenken seinerseits nicht genügend widerlegt, so wird der betr. Schüler in den monirten Fächern einer Clausurarbeit unterworfen. Schüler, denen das Reifezeugniß nach vorschriftsmäßigem Besuch der I. von den Lehrern (in ihrer Mehrheit) verweigert wird, haben das Recht, auf eine Abgangsprüfung vor einer besonders dazu zu ernennenden Commission anzutragen.

Soll es auch eine höhere Mädchenerziehung geben? Eine solche kann durchaus gedacht werden, sie muß sich aber unzweifelhaft von der Knabenerziehung unterscheiden nach der Art, wie sich überhaupt das Geistige der Frauen von dem Geistigen des Mannes unterscheidet. Es ist längst aus der Praxis und nach der Wissenschaft klar, was das Eigenthümliche der Frauen ist. Sie lernen, wie Voltaire sagt, schneller fühlen, als die Männer denken lernen. Mit Fühlen ist hier gemeint, daß sie den Totaleindruck sehr schnell auffassen, während der Mann geneigt ist, sich mehr an einzelne Seiten eines Eindrucks zu halten. Es ist dies den Frauen von Natur eigen, es findet sich auch im Bauernstande, auch dort ist eine größere Unmittelbarkeit und daraus entspringende Lebhaftigkeit, Raschheit und Entschiedenheit in Gedanken, Worten und Werken gerade den Frauen eigenthümlich. (Zur bäuerlichen Glaubens- und Sittenlehre. S. o. S. 35.) In den niederen Ständen sind deshalb die Frauen nicht selten dem Manne überlegen, sie sind es sogar in der Regel. Auch die Zwecke werden von den Frauen mehr gefühlsmäßig ergriffen, darum irren sie sich in denselben manchmal; um so erfindungsreicher sind sie in den Mitteln. Das abstrakte, analysirende Denken steht sehr bei ihnen zurück; selbst bei Frau von Staël sind das Vorherrschende Beobachtungen und Aperçus, also durchaus die weibliche

Geistesart. Von dem Gefühlsmäßigen aus haben die Frauen wesentlich die religiöse Auffassung der Dinge, der Totaleindruck der Welt ist immer religiös. Sie sind daher der sexus devotus, wie die Katholiken sagen, nicht bloß bei uns, sie waren das schon bei den alten Griechen, sind es in Japan, in Indien, bei den Sikhs. Ihre Hauptstärke ist das Konkrete und das Helfen im Detail. An dieses beides müßte sich daher auch ihr höherer Unterricht anschließen. Die Naturwissenschaft müßte immer im Zusammenhang stehen mit der künftigen Haushaltungskunst oder mit weiblichen Arbeiten. Das bloß Abstracte interessirt sie dabei gar nicht, für jenes andere aber sind sie wohl zugänglich. Anthropologie müßten sie treiben im Anschluß an Krankenpflege oder Kinderwartung oder Hygiene. Die Mathematik muß mit dem Zeichnen verbunden werden und mit künstlerischer Auffassung, sonst ist sie ihnen gleichgiltig. Poesie und Redekunst verbinde man mit den neueren Sprachen, der eigenen und den fremden; wenn Talent da ist, trete dazu Musik, besonders als Singen. Durch die Geschichte kann der Verstand der Frauen geschärft, ihre Seele zu hohen Gedanken erhoben werden (Fenelon). Zugeführt können ihnen werden Theile der griechischen und römischen Geschichte, etwa in einer Bearbeitung von Plutarchs Lebensbeschreibungen, dann Geschichte der eigenen Nation und der Nachbarvölker. Auch gute Reisebeschreibungen sind zu verwenden. Durch die Geschichte sind ihnen auch die politischen Hauptbegriffe zuzuführen. Das Volkswirthschaftliche erkennen sie am besten im Anschluß an Haushaltungsführung. An das Volkswirthschaftliche schließen sich einige Rechtsbegriffe über Eigenthum, Kontracte u. ä. Sowie sie heranwachsen, müssen sie neben dem Unterricht etwas im Hause zu thun bekommen, wovon sie Rechenschaft ablegen müssen. Die Frauen tragen bei all ihrem helfenden Eifer nicht gern die Verantwortlichkeit. Später nimmt diese ihnen der Mann ab, aber bis auf einen gewissen Grad müssen sie angeleitet werden, Verantwortlichkeit ev. zu übernehmen, d. h. etwas aus eigenem Entschluß zu thun, wenn sie auch die Folgen nicht ganz übersehen. Dazu hilft, wenn sie früh etwas zu thun haben, um das sich dann niemand kümmert, außer daß das Resultat beurtheilt wird.

Das wäre die höhere Erziehung für gebildete Frauen, sofern man die künftige Hausfrau und Mutter im Auge hat. Soll man den Mädchen aber Karrieren anderer Art verschließen? Darauf ist zu sagen: grundsätzlich nicht. Wenn Talent, Lust und Nervenkraft — das letztere ist unerläßliche Bedingung — da ist, so ist es immer vorgekommen, daß Frauen auch in anderen Branchen zwar nicht die ersten Stellen

einnahmen, aber doch eine sehr achtungswerthe. Indeß anreizen zu
solch anderen Karrieren soll man nicht. Wirkliches Bedürfniß ist vorhanden nach weiblichen Ärzten für Frauen und Kinder. Es giebt eine
Menge unverheiratheter Frauen, die zu Grunde gehen, weil sie sich
nicht überwinden können, ihre Leiden einem Arzte anzuvertrauen, selbst
wenn eine verheirathete Frau sich anbietet, bei allem dabei zu sein.
Es hängt das mit der weiblichen Schamhaftigkeit zusammen, die wir
allen Grund haben zu erhalten, aber der Preis, der dafür bezahlt wird,
ist jetzt zu groß. Wie gesagt, ist Talent für andere Berufsarten da,
und haben sie die nöthigen Körperkräfte, so soll man sie nicht davon
ausschließen, und also ihnen auch die Gelegenheit offen lassen, sich die
nöthige Bildung für einen solchen Beruf zu erwerben. Im einzelnen
Fall, denke ich, wird man sich am besten etwa so verhalten, daß man
sich gegen die Tochter, die einen gelehrten männlichen Beruf ergreifen
will, so stellt, wie gegen einen Sohn, der Dichter oder Schauspieler
werden will: man würde sich einige Jahre widersetzen, sie auf andere
Gedanken zu bringen versuchen; sollte das nicht helfen und man sehen,
daß wirklich Talent und entschiedener Ernst da ist, so wird man mit
schwerem Herzen nachgeben und ihnen Bahn zu machen suchen.

Hiermit sind wir bis zur Schwelle der Universitäten gelangt und
knüpfen bei der Frage des Universitätsunterrichts zunächst an das an,
wie wir die Universitäten im Augenblick finden, und wie wir sie geschichtlich überkommen haben.

Die Aufgabe der Universitäten, wie wir sie geschichtlich überkommen
haben, ist im Allgemeinen die, die Wissenschaften nach ihren verschiedenen
Hauptseiten zu erhalten und zu mehren, indem zugleich auf ihnen junge
Männer theils lernen in den Wissenschaften selbstthätig mitzuarbeiten,
theils sich die Grundlagen eines praktisch-geistigen Berufes aneignen.
Es leuchtet ein, daß diese Aufgabe, zumal nachdem die Wissenschaften
sich so überaus in das Einzelne und mit stets wachsender Genauigkeit
in Bezug auf dies Einzelne entwickelt haben, sowohl für Lehrende wie
Lernende keine leichte mehr ist, sondern daß sie, wie alle Verhältnisse
des modernen Lebens, mehr und mehr verwickelt geworden ist. Der
Gesichtspunkt, von dem aus ich zunächst einige Streiflichter auf unsere
Universitäten werfen möchte, sei der Satz, den wir auf der Schwelle
moderner Wissenschaft wiederholt und von verschiedenen Männern ausgesprochen finden und der oft als eine Signatur moderner Zeit überhaupt gilt, der Satz, der kurz so ausgedrückt werden kann, daß Wissenschaft Macht sei. Wir machen uns seinen ursprünglichen Sinn und

wieweit er sich wohl bewährt hat, klar. Es sind nicht blos Baco und dann Hobbes, also Engländer, die immer sehr eifrig für das Nützliche, für das den Grundlagen und der Förderung des leiblichen Lebens Dienende bestrebt waren, welche jenen Satz in Aufnahme gebracht haben, noch viel stärker hat ihn der Vater aller modernen Metaphysik, Descartes, als das eigentliche Ziel seiner Untersuchungen und wissenschaftlichen Bemühungen verkündet. Bei Baco bezieht sich der Gedanke auf die technische Beherrschung der Natur durch den Menschen; hier fallen nach ihm Wissen und Können zusammen, denn das wahre Wissen lehrt die Ursache einer Naturerscheinung, und durch deren Erkenntniß sind wir im Stande, die äußeren Bedingungen zusammenzubringen, auf deren Vorhandensein der bez. Erfolg eintritt. Es ist das die einzige Macht, die der Mensch über die Natur hat, wie Baco sich ausdrückt, er besiegt sie, indem er ihr gehorcht, wobei aber die Erkenntniß und in Wirksamkeitsetzung dieser Ursachen besondere Hülfsmittel unseres Verstandes und unserer Hand bedarf, weil die Feinheit der Natur die Feinheit unserer Sinne und unseres Verstandes in vieler Hinsicht übertrifft. Hobbes hat den Gedanken abschließend so formulirt: In der Cultur der verschiedenen Welttheile ist ein großer Unterschied. Warum? Weil die einen Wissenschaft haben als genaue Erkenntniß der Wirkungen aus den Ursachen, und Zweck und Ziel solcher Wissenschaft ist, die vorausgesehenen Wirkungen gebrauchen zu können für unseren Vortheil. Descartes läßt sich in der Abhandlung über Methode, die er den Veröffentlichungen über Dioptrik, über Meteore und über Geometrie vorausgeschickt hat, dahin vernehmen, daß die blos theoretische Befriedigung oder der moralische Nutzen, den er aus seiner Methode gewonnen, ihn nicht dazu gebracht haben würde, sie bekanntzumachen; denn in diesen Dingen freue sich jeder an dem Seinigen. Aber sobald er einige allgemeine die Naturwissenschaft betreffenden Begriffe gewonnen, und gesehen habe, wie erfolgreich dieselben in einzelnen schwierigen Fällen seien, da habe er es für eine Versündigung an dem allgemeinen Wohl der Menschheit erachtet, seine Kenntniß für sich zu behalten. Denn aus jenen Begriffen könne man zu sehr nützlichen Kenntnissen für das Leben gelangen, und an Stelle der theoretischen Schulphilosophie eine praktische finden, die uns durch Kenntniß der Kräfte und Thätigkeiten von Feuer, Wasser, Luft, Sternen, Himmel und der anderen uns umgebenden Körper, durch eine Kenntniß so deutlich, wie wir sie von den verschiedenen Kunstfertigkeiten unserer Handwerker hätten, zu Herren und Eigenthümern der Natur mache. Dadurch werde es nicht blos

möglich, Kunstfertigkeiten ohne Zahl zu erfinden, kraft deren wir ohne
Arbeit die Früchte und alle Vortheile der Erde genießen, sondern auch
die Gesundheit erhalten können, das oberste Gut unseres Lebens und
die Grundlage aller übrigen. Dies oberste und grundlegende Gut sei
Gesundheit darum, weil unser Geist so sehr von der Mischung und
Anordnung der Theile des Körpers abhänge, daß, wenn ein Mittel
erfindbar sei, die Menschen weiser und geschickter zu machen, dies in
der Arzneiwissenschaft gesucht werden müsse. Er verspricht sich davon,
daß die Menschen von unzähligen Krankheiten des Körpers und Geistes
werden frei werden, ja selbst vielleicht von der Schwäche des Alters.
Weil er sich in dieser Richtung und in diesem Sinne Erfolg von seiner
Methode verspricht, darum hat er, andere Talente anzuregen, sie ver=
öffentlicht und erklärt am Ende der Abhandlung seinen Entschluß, den
Rest seiner Tage nur darauf zu verwenden, eine solche Naturerkenntniß
zu gewinnen, aus der zuverlässigere Regeln als bisher für den Gebrauch
der mebicinischen Wissenschaft entnommen werden könnten. In einem
neu aufgefundenen Brief schreibt Descartes an Mersenne (1643):
„Der Cardinal (Richelieu) hätte Ihnen 2 oder 3 von seinen Millionen
hinterlassen sollen, um alle Experimente (expériences) machen zu können,
die nothwendig wären, die besondere Natur jedes Körpers zu entdecken,
und ich zweifle nicht, daß man zu großen Entdeckungen kommen könnte,
die dem Publicum weit nützlicher wären als alle Siege, die man im
Krieg gewinnen kann." Wir haben so in dem großen Spiritualisten
und Metaphysiker, welcher den Geist vom Körper in einer Weise
schied, wie es vor ihm nie geschehen war, der erklärte, der Geist
könne schon in diesem Leben seine Thätigkeiten und seine Freuden
ganz für sich haben, doch das volle irdische Lebensgefühl, welches
in der Renaissance so phantastisch und tumultuarisch zum Aus=
druck gekommen war. Der Mensch soll die Güter der Erde
in einem nie geahnten Umfang und ohne alle Arbeit besitzen, Gesund=
heit und ein Alter ohne Gebrechen sollen ihm zu Theil werden, nicht
bloß als Güter an sich, sondern als zugleich eine Entfaltung der
geistigen Kräfte, der Weisheit und Geschicklichkeit, wie sie gleichfalls nie
da war. Das alles soll aber nicht mehr erreicht werden durch eine
Art Magie, durch eine sog. höhere Naturforschung, welche etwa die
Sympathien und Antipathien der Dinge geheimnißvoll erwecke und errege,
sondern durch eine strenge, wesentlich auf Mathematik beruhende Wissen=
schaft der Natur. Daß hier zugleich ein großer Riß in der wissenschaft=
lichen Überlieferung geschah, erkennt man in dem Hinweis Descartes'

auf die theoretische Philosophie der Schule, an deren Stelle eine praktische solle gesetzt werden. Diese theoretische Philosophie der Schule ist keine andere als die, gegen welche auch Baco und Hobbes gekämpft hatten, die in katholischen und protestantischen Ländern der Zeit immer noch fortgeführte, nur durch den Humanismus im Vergleich mit dem Mittelalter quellenmäßiger gemachte, des Aristoteles. Der Gegensatz der Bestrebungen ist allerdings sehr groß. Nach Aristoteles ist die Philosophie und überhaupt die Wissenschaft Sache des theoretischen Vermögens, sie geht auf Erkenntniß des Seienden, und diese theoretische Thätigkeit ist die Seligkeit des Menschen, wie die vollendete Seligkeit Gottes nur in diesem Denken besteht. Im Menschen giebt es neben dem theoretischen Denken noch zwei andere Bethätigungen des Geistes, die praktisch=moralische, welche das Verhalten des Einzelnen in sich und zu Anderen bezüglich seiner von der körperlichen Seite herstammenden Neigungen und Strebungen regelt, und die poietische Thätigkeit, das künstlerische Schaffen, zu dem alles von Einsicht geleitete Hervorbringen gehört, diene es der Schönheit oder dem Bedürfniß. Aber diese poietische Wissenschaft hatte Aristoteles nicht behandelt, von allem, was er geschrieben, würde nur die Poetik dahin gehören, nur die ästhetische Kunst des Dichters hatte ihn nach dieser Seite interessirt. Das theoretische Denken ging ihm in seinen höchsten und eigentlichsten Gegenständen auf das Ewige und sich Gleichbleibende, das poietische auf das, was veränderlich ist, und lag ihm insofern an Werth tief unter jenem. Später hat man in der Philosophie des Alterthums selbst in den theoretischen Betrachtungen sich von dem erfahrungsmäßig Wahrgenommenen geradezu abgewendet, wie Cicero es schon ausdrückt: „Das Denken des Weisen ruft in der Regel nicht bei seiner Forschung die Augen als Beistände (advocatos) herzu". Jenen Zug der Geringachtung des Technischen und selbst des Sinnlichen überhaupt hat das Mittelalter in seiner allgemeinen Auffassung nicht überwunden, es hielt die Wahrheitserkenntniß als Erkenntniß des Ewigen und sich Gleichbleibenden für die eigentliche Aufgabe der Wissenschaft nur mit specieller religiöser Wendung, welche ausdrücklich die Abwendung vom Sinnlichen auch in der Erkenntniß fordert. Nach Thomas von Aquino, der durch den jetzigen Papst der katholischen Welt als ihr Hauptphilosoph wieder in Erinnerung gebracht worden ist, besteht das Gut des Menschen in der Erkenntniß der Wahrheit, aber nicht einer jeden Wahrheit, sondern in der vollen Erkenntniß der höchsten Wahrheit, d. i. Gottes. Der Erkenntnißtrieb wird nach ihm verkehrt, wenn er sich den Creaturen zuwendet, ohne sie auf das gebührende Ziel, d. h. die Erkenntniß Gottes, zu beziehen, und ausdrücklich wird die Vollkommenheit jedes intellectuellen Vermögens in die Abstraction vom Sinnlichen (in abstractione a sensibilibus) gesetzt. Selbst die moralischen Tugenden haben ihr Gutes wesentlich darin, daß sie die Vernunft vor der Heftigkeit der sinnlichen Zustände (impetus passionum) bewahren. Diese denkende Vernunft faßt bloß die Dinge abbildend auf, und es wird darauf gerechnet, daß, wenn unsere Bemühung hauptsächlich sich auf die geistlichen Güter richtet, auch die zeitlichen uns genügend zufallen. Soweit Thomas. Aber Grundtriebe menschlicher Natur brechen immer wieder hervor, und so hat sich der Trieb auf die äußeren Dinge zur Abhilfe menschlicher Bedürftigkeit direct zu wirken, von der Wissenschaft als niedrig weggestoßen, an die Geheimkünste gewendet, eine magische Herrschaft über die Natur geträumt und gesucht, bis die neuere Wissenschaft denselben in der Weise Bacos und Descartes' mit sich vereinigte und so den Grund gelegt hat für die Entwicklung der technischen Cultur, durch welche der Vorrath an materieller Lebensmöglichkeit vermehrt, für Gesundheit vorbeugend und nachhelfend gesorgt, die mittlere Lebensdauer verlängert und die geistige Kraft, sowohl die intellectuelle als die sittlich-sociale, gehoben worden ist. Von da an blieb der Zug auf Wissen, das, ohne der Strenge der Wissenschaft etwas zu vergeben, zugleich Wirken sei, zunächst in den Naturwissenschaften unverloren, ebendamit war der Zug auf Erfahrung vorwiegend gegeben. sogar bei Descartes, der alles metaphysisch erklärte, hat diese Erklärung nach ihm selbst ihren Werth in dem, was man damit in der Sinnenwelt machen und gestalten kann; und daß dies alles dem Menschenwohl dienen und das menschliche Leben leiblich und geistig heben soll, ist geblieben und ist sogar in sensualistischen und materialistischen Irrgängen der Wissenschaft immer noch der große Zug. Aber Descartes gerade hat sich nicht begnügt mit Bewährung der Wissenschaft in Wirkungen für das leibliche Wohl, sondern er hat direkt von der Medicin eine Hebung der Weisheit und Geschicklichkeit der Menschheit erwartet, sintemal der menschliche Geist so sehr von der Mischung und Anordnung der Körpertheile abhänge. Allein diese Voraussetzung hat sich bis jetzt nicht erfüllt. Daß es viele körperliche Zustände giebt, unter welchen die Bethätigung und Entfaltung des Geistes im Ganzen oder nach einzelnen Seiten gehemmt wird, ist unzweifelhaft. Daß eine gesundheiterhaltende und krankheitbekämpfende Behandlung Hemmungen fernhalten oder wieder beseitigen kann, steht erfahrungsmäßig fest, aber wir haben bis jetzt nicht einen Einfluß darauf, durch Herstellung einer normalen Gesundheit auch einen solchen geistigen Zustand zu erzeugen, welcher als größere Weisheit und Geschicklichkeit bezeichnet werden könnte. Man hat daher dieses Problem oft vom anderen Ende aus in Angriff genommen, und die kühnste Idee in dieser Hinsicht hat im Alterthum Sokrates gefaßt, welcher freilich zunächst die Erkenntniß der Ursachen der Naturordnung dem Menschen absprechend als etwas, was die Gottheit sich selbst vorbehalten habe, und das menschliche Interesse auf das Praktisch-Moralische beschränkend hier jedoch behauptete, daß das richtige Wissen auch das richtige Handeln nach sich ziehe; ein Mensch, der den wahren Begriff von Gerechtigkeit habe, könne nicht umhin, auch gerecht zu handeln und gerecht zu sein; denn es sei widerstrebend, anzunehmen, daß etwas mächtiger sei, als die Einsicht, der Mensch könne nichts Anderes wollen, als das von ihm als gut Erkannte, alle Verfehlung beruhe daher auf Irrthum und Unwissenheit. Nach dieser Ansicht kann man, modern ausgedrückt, durch Aufklärung des Verstandes das Herz bessern, oder, wie die Alten sagten, danach sind Tugenden lehrbar und sind Wissenschaften. Diese Ansicht war nicht blos eine Idiosynkrasie des Sokrates; denn Plato hat sie mit geringen Modificationen beibehalten, und obwohl sie Aristoteles abwies, hat sie in den Stoikern fortgelebt und ist so eine der Popularphilosophien des Alterthums geworden, eine Philosophie, die wirklich die Menschen im Leben leitete und hochhielt und sie im Tode und zum Tode stark machte. In der Neuzeit hat Spinoza in einem Theil seines Systems die gleiche Überzeugung gehabt, und die Aufklärung des vorigen Jahrhunderts, deren Heiliger gleichsam Sokrates war, lebte ganz in ihr, ja in dem hohen Werth, den wir der Gesinnung beilegen, steckt oft, ohne daß wir es selbst wissen, ein Stück sokratischen Denkens. Es läßt sich auch verstehen, daß Naturen, welche, der Erforschung der Ursachen äußerer Dinge abgeneigt und sich mit dem gefühlsmäßigen Eindruck begnügend, daß hier im Ganzen wohlthätige Einrichtungen vorliegen, und in diesem Eindruck mit religiöser Innigkeit beruhend, dabei den Trieb der Selbstbildung und Selbstveredelung haben, durch Klärung und Bewußtmachung ihres inneren Lebens in der That eine Hülfe und Verstärkung dieses Veredelungstriebes herbeiführen werden. Aber trotz der großen Verbreitung, welche diese menschliche Art zu sein und sich aufzufassen haben kann, hat die Mehrheit der Menschen stets das Zeugniß abgelegt, daß sie nicht so ist, daß richtige Begriffe zu bilden und zu haben noch keineswegs aus sich Macht ist oder Macht giebt, diese Begriffe in wirksames Wollen und

Handeln umzuwandeln. Im Sittlichen ist diese Discrepanz zwischen
Erkennen und Wollen stets ergreifend bekannt worden. Am deutlichsten
wurde das Befremdliche der ganzen Ansicht, als die Stoiker sie con-
sequent auch auf die technischen Bethätigungen anwendeten und
behaupteten, wer den richtigen Begriff davon habe, wie ein König,
Feldherr, Musiker sei, der sei mit diesem Begriff auch der wahre König,
Feldherr, Musiker, d. h. der theoretisch-richtige Begriff gebe auch
unmittelbar die entsprechenden technischen Vollkommenheiten. Auf dem
Gebiet der technischen Talente und der sittlichen Kräfte ist also das
Wissen nicht unmittelbar Macht, es lehrt uns nicht die Bedingungen,
von deren Vorhandensein sie abhängen, und wenn wir auch vermuthen,
eben aus den krankhaften Hemmungen von technischen Talenten nicht
nur, sondern auch sittlicher Kräfte, daß mindestens zu ihrer Entfaltung
und Bethätigung körperliche Bedingungen bei uns erforderlich sind, so
können wir doch keineswegs durch Einwirkung auf den Körper direct
ein bestimmtes technisches Talent oder einen bestimmten Charakter
hervorbringen. Aber Eins hat doch die moderne Wissenschaft aus dem
Vorbild der Naturwissenschaft, die durch ihr Wissen zugleich Macht
über die Dinge ist, gelernt. Baco hat angemerkt, daß der Mensch über
die Natur nichts vermöge als Körper zusammenzubringen, damit sie dann
nach ihren eigenen Kräften gewisse Erfolge erzeugen; Robert Boyle hat
dies noch schärfer ausgedrückt, daß in allen solchen Fällen die Natur
wirke, nur das eine Mal ohne, das andere Mal mit menschlicher Bei-
hülfe. Da man auf diese Weise, die Natur walten lassend und sich
nach ihr richtend, so große Erfolge erreicht hatte, wie Mittelalter und
Alterthum nicht, so lag es nahe, dasselbe auch in anderen Dingen, für
Entfaltung technischer Talente und sittlicher Kräfte, zu erwarten. Das
ist der tiefste Grund, warum in all diesen Fragen in jener Zeit soviel
von Natur und Entwicklung des Menschen nach der Natur die Rede
war. Anfangs freilich war hier der Begriff Natur noch mit der
aristotelischen Vorstellung durchsetzt, die auch das Mittelalter angenommen
hatte, daß nämlich die Natur der Dinge sich in einigen Beispielen am
klarsten zeige, das, was das Vollkommenste seiner Art sei, sei die
eigentliche Intention der Natur oder der schaffenden Kraft, und das
müsse die Regel für das werden, was alle als Ziel ihres Strebens sich
stecken sollten, — eine Lehre, die leicht zu ungerechten Forderungen
an schwächer leiblich und geistig Ausgerüstete führen kann. Mehr und
mehr wurde daher dieser Gedanke in den anderen umgewandelt, daß
Natur auch in technischen Talenten und in sittlichen Kräften das sei,

was sich ohne besonderes Zuthun des Menschen von selbst rege und zur Entfaltung strebe, und wenn man sich begnüge, dies nur nicht zu stören, sondern ihm Gelegenheit gebe, sich zu wiederholen und zu verstärken, so werde mehr und Besseres erreicht als in der früheren Art. Das sind die Gedanken, auf welche A. Smith die wirthschaftliche Freiheit gründete, die Gedanken, auf welche Rousseau die Erziehung neu erbaute, es sind aber auch die Gedanken, welche den freiheitlichen Bestrebungen der Völker in Staat und Kirche zu Grunde liegen. Nicht bewährt hat sich dabei der Glaube, daß bei dieser freien Entfaltung nur Gutes herauskomme, es kommt bei ihr alles heraus, was der Anlage nach da ist, und das ist Gutes und Schlechtes. Aber nichtsdestoweniger hat man den Gedanken selbst nicht aufgegeben: was wir heutzutage Freiheit der Wissenschaft, des Denkens, der Religion u. s. w. nennen und so hochhalten, das wurzelt alles in der Überzeugung, daß ungehemmte Entfaltung geistiger Kräfte für den Einzelnen selbst nicht nur das Befriedigendste, sondern auch für die Gesammtheit das Förderlichste sei, und eine Einschränkung hier nur zulässig ist, um solches, was für die Gesammtheit nachtheilig, einzuschränken, event. zu unterdrücken.

Von den gegebenen Ausführungen aus können wir nunmehr einige Streiflichter auf die Aufgabe unserer Universitäten fallen lassen. Unsere Ärzte werden hier ausgebildet auf Grund der wissenschaftlichen, d. h. auf Ursachen bringenden Erforschung des gesunden und kranken Lebens Krankheiten zu heilen, Krankheiten vorzubeugen und die Gesundheit möglichst durch zweckmäßige Maßregeln zu erhalten. Selbst auf das geistige Regime, sehr wichtig in einer Zeit eher der Überanstrengung als der Muße, werden sie sorgsam vorbereitet. — Unsere Naturforscher lernen die Natur gar nicht anders kennen, als indem sie ihr mit den besonderen Hülfsmitteln der Sinne und des Verstandes beizukommen suchen, von welchen Baco als unerläßlichen wegen der überlegenen Feinheit der Natur gesprochen hat. Freilich hat sich hier schon wieder etwas von der aristotelischen Trennung der theoretischen und der poietischen Richtung hervorgethan in der Trennung der polytechnischen Hochschulen von unseren Universitäten, wodurch der Beruf des Ingenieurs, der in der Kunst besteht, die großen Kraftquellen der Natur zum Nutzen der Menschen zu lenken, der Universität entzogen ist. Zwar wird dort die technisch hervorbringende Richtung natürlich streng auf die Ergebnisse der theoretischen Wissenschaft im modernen Sinne gegründet, aber ob damit nicht die Gefahr gegeben ist, daß die Universitäten mehr blos die betrachtende Seite dieser Wissenschaften sich zur eigenthümlichen Aufgabe machen, die anderen mehr dem genialen Erfinden sich zuwenden, das oft mit sehr unbestimmten und noch tastenden theoretischen Vorstellungen sich begnügen kann, überlasse ich den zur Sache Verständigen zur Erwägung. In innigstem Zusammenhang werden beide Richtungen gut thun zu bleiben; denn nicht nur, daß die Theorie die Grundlage der modernen Technik gewesen ist, so ist auch die Technik oft durch ihre eigenthümlichen Erfahrungen rückwirkend auf die Theorie gewesen, wie dies z. B. der Ausgangspunkt der Darwin= schen Hypothese wieder gezeigt hat. — Schwieriger gestalten sich die Fragen, wenn wir bei den Naturwissenschaften auf diejenigen sehen, welche nicht wieder die Wissenschaft unmittelbar selbst, sei es theoretisch, sei es technisch, betreiben wollen, sondern die sie als Grundlage für einen praktisch=geistigen Beruf, als Lehrer etwa auf den vorbereitenden höheren Schulen, verwenden wollen. Es ist klar, daß auch sie in die Wissen= schaft als solche eingeführt werden müssen, aber es fragt sich, ob das genügt; denn sie sollen nicht, was sie sich angeeignet haben, aufnehmend oder allmählich auch selbstthätig, wieder so weitergeben, sondern sie sollen eine Auswahl treffen aus dem Gelernten nach ganz bestimmten Gesichtspunkten einer dem Knaben= oder Jünglingsalter angemessenen Methodik. Alles das kann ohne wissenschaftliche Kenntniß der Päda= gogik und Psychologie, nicht blos der allgemeinen, sondern speziell der des Knaben= und Jünglingsalters, mit Erfolg nicht mehr geschehen. Das ist hier das Wissen, welches zum Können befähigt. Dies Wissen kann aber der philosophische Pädagog und Psychologe nur im Allgemeinen geben, der speziellen Durchdringung desselben mit dem einzelnen natur= wissenschaftlichen Stoff kann er sich nicht unterwinden; dazu gehören die Kenntnisse des einzelnen Faches nicht nur, sondern auch des steten Fortschrittes und der Veränderung dieses Faches. Es wird also wohl mit der Zeit ein Bedürfniß nach Ergänzungen im Lehrkörper der Universitäten entstehen. Denn verderblich und den Geist moderner Wissenschaft töbtend würde es wohl sein, diese Aufgabe, als gleichsam unterhalb der Universität stehend, anderen Anstalten zu überweisen. Womit da operirt wird, das ist alles Wissenschaft, höchste Wissenschaft und erfordert sogar eine Mannichfaltigkeit wissenschaftlicher Befähigungen in demselben Lehrer, wie sie nicht so oft wird gefunden werden. — In den Wissenschaften, welche es mehr mit geistigen Verhältnissen der Menschheit zu thun haben, wie sie sich in Recht, Religion, Sprache u. s. w. darstellen, steht es zunächst anders als in den Naturwissenschaften. Der Descartes'sche Gedanke, daß von der Kenntniß des Körpers aus unmittelbar auf den Geist so gewirkt werden könne, daß die Menschen weiser und geschickter werden, hat sich nicht bewahrheitet. Der Sokratische Gedanke, daß die richtigen Begriffe hier unmittelbar das richtige Handeln nach sich zögen, mitsammt der stoischen Zuspitzung, daß die richtigen Begriffe von Musik, von Feldherrnkunst auch die dazu gehörigen technischen Talente mit sich führten, ist entweder ganz gescheitert, oder, soweit er in einzelnen Fällen zuzutreffen scheint, darauf zurückzuführen, daß in ihnen die besonderen Bedingungen für das Mehrfache, was hierzu erfordert wird, da waren und daher nur eine Anregung oder Aufklärung der intellectuellen Seite erfordert wurde, um diese vorhandenen an und für sich von einander unabhängigen Anlagen in zusammenstimmende, scheinbar einfache Wirksamkeit zu setzen. Hier scheint also zunächst nur übrig zu bleiben, was als das letzte Ergebniß auf mehr geistigem Gebiete in Analogie mit den Naturwissenschaften ist oben vorgeführt worden, daß man die vorhandenen Keime sich frei entfalten läßt, von ihnen duldet, was irgend mit dem Zusammenleben Aller besteht und nur das unterdrückt oder hemmt, was als durchaus unverträglich mit einem solchen freien Zusammenleben sich herausstellt. Das Ergebniß ist dann das, was Burke in Bezug auf Recht, Moral und Ästhetik so ausgedrückt hat, und was dann auch auf Sprache, Religion angewendet werden kann, daß hier geistige Kräfte zu Grunde liegen, die aller Überlegung voraufgehen, instinctiv wirken zu ihren eigenen Zwecken, ohne unsere Mitwirkung, daß hier Natur sei als Weisheit ohne Reflexion und über Reflexion. Dem Grundgedanken dieser Ansicht wird man sich nicht entziehen können, nur der letzteren Behauptung als einer teleologischen Vorannahme wird man entgegenhalten, daß aus den physiologisch-psychologischen Grundlagen unseres bewußten Lebens sich Gutes und Schlechtes gleich sehr erhebe, gerade wie in der Natur außer uns auch, daß dann die Reflexion oder das bewußte Urtheil das eine als Gut entweder unmittelbar in sich oder in seinen Folgen anerkenne, und suche, nach den Gesetzen menschlicher Natur, soweit sie bis jetzt erfaßbar sind, das Gute zum herrschenden zu machen. Die Gesammtentscheidung aber, ob von dem Idealen in uns auf eine höhere Natur zu schließen sei, die wir verloren hätten, wie Plato, Pascal und das Christenthum wollen, oder ob von der immer wieder durchbrechenden menschlichen Schwäche im Physiologischen und Geistigen eine andere Auffassung von Mensch und Natur gewählt werden müsse, — die Gesammtentscheidung kann hier nur die genaue wissenschaftliche Durchforschung bringen, welche kaum auf diesem Gebiete begonnen hat, so vorschnell beständig allgemeine Theorien hier aufgestellt werden. Einstweilen muß freier Raum gelassen werden für die Entscheidungen nach individuellen Gesichtspunkten, wie sie sich bei uns in der Denk- und Religionsfreiheit ausdrücken, mit dem Versuche der einzelnen solcher Wahlanziehungen, ihre Ansicht mindestens als verträglich mit der fortschreitenden Wissenschaft oder als nicht widerlegt durch dieselbe hinzustellen. Im Allgemeinen bleibt hier etwas von dem, was mehr zur Kunst als zur Wissenschaft gerechnet werden kann. Ich will, was ich meine, mit den Worten Galilei's einführen, der einmal schreibt: „Sowie wir dichten und malen lernen, nicht indem wir die Vorschriften der Poetik und die Lehren der Perspective auswendig lernen, sondern indem wir gute Dichter lesen, und indem wir selbst zeichnen und malen, so lernen wir beweisen nicht aus den Vorschriften der Logik, sondern aus den Büchern, die voll von Beweisen sind. — — Die Logik lehrt erkennen, ob die schon fertigen und gefundenen Beweise folgerichtig sind." Die Wissenschaft kann in diesen mehr geistigen Vorgängen eben nicht, wie in der Natur, die Bedingungen erkennen, und dann durch Zusammenbringung derselben den Erfolg, wo er wünschenswerth ist, erzeugen, sie kann nur einzelne Seiten der ganzen Vorgänge erfassen, dieselben zum klaren Bewußtsein erheben, ermitteln, daß ihnen im Ganzen des Vorgangs die und die Bedeutung zukomme, und so durch Verstärkung der Achtsamkeit auf diese und jene Elemente den Erfolg beeinflussen. Dabei ist sie vor großen Mißgriffen nicht gesichert, wie solche z. B. in der Auffassung von Recht, Staat, den wirthschaftlichen Verhältnissen bekannt sind, und ist großen Schwankungen der Ansichten ausgesetzt, wie dies in der Auffassung von Religion, von Sittlichkeit zu beobachten ist. Dazu kommt, daß die theoretische Isolirung einzelner Elemente eines Gesammtvorgangs vielen Menschen widerstrebt; deshalb ist in diesen Dingen der Kampf zwischen Theoretikern und Praktikern uralt, indem die Theoretiker eine gewisse Hinneigung zu der sokratischen Ansicht mehr oder minder, bewußt oder unbewußt, in sich tragen, die Praktiker sich auf Gefühl, Tact, angeborenes Talent und Übung desselben in der Praxis selbst überwiegend verlassen und geradezu eine Antipathie gegen Wissenschaft als Theoretisiren, als Buchgelehrsamkeit hegen, wie im Alterthum wohl schon von der $\pi\alpha\iota\delta\epsilon\iota\alpha\ \dot{\eta}\ \dot{\epsilon}\nu\ \lambda\dot{o}\gamma o\iota\varsigma$ im Gegensatz zu einer anderen gesprochen wird, und dazu wird noch mit Eifer darauf hingewiesen, daß meistens in diesen Wissenschaften die Theorie der Praxis nachgehinkt sei. In den Naturwissenschaften, auch in der Mathematik, sind Lehrer und Erfinder meist dieselben; dagegen in den

Geisteswissenschaften sind die Sprachgewaltigen, die Dichter, Redner, Schriftsteller, nicht immer die Sprachgelehrten, die großen Staats= männer, Feldherren u. s. w. nicht auch die, welche die Wissenschaft der Geschichte lehren, die großen Gesetzgeber, die großen Organisatoren der Verwaltung nicht auch zugleich die zünftigen Rechtsgelehrten und Nationalökonomen. Indem so in den Geisteswissenschaften Theorie und Praxis mehr auseinander fallen als in den Naturwissenschaften, und die gerade zur Zeit vorherrschende Theorie vielleicht einzelne Momente einer Gesammterscheinung besonders betont, weil sie vorher mehr ver= nachlässigt worden sind, kann eine verhältnißmäßige Einseitigkeit der theoretischen Ausbildung in der betr. Wissenschaft, nicht nur, sofern es sich um Vorbereitung für einen mehr praktisch geistigen Beruf handelt, sondern auch in ihr selbst entstehen. Seitdem sich herausgestellt hat, daß, wie in der Naturauffassung, so auch in der Geschichtskunde die Zeugnisse sehr genau auf ihre Glaubwürdigkeit und ihre objective Zu= verlässigkeit müssen geprüft werden, ist Quellenkritik gewiß die Grund= lage der Geschichte; indem aber die Kräfte hierfür geübt werden, werden sie damit noch keineswegs zur eigentlichen Geschichtschreibung als Auffassung der Gesammtart einer Zeit vorgebildet, und die Geschichts= kenntniß, welche dem Freiherrn von Stein so wichtig war, durch die bei gegenwärtigen geschichtlichen Verhältnissen analoge Fälle aus früherer Zeit zu Gebote stehen als praecedentia für das, was ein Staatsmann zu thun hat, wird damit noch gar nicht geweckt. Die historische Grammatik lehrt uns rückwärts eine Sprache, wie sie geworden ist und wie sie im Allgemeinen wird; da wir aber damit noch nicht erfassen, welche phy= siologische Veränderung des Phonetischen im einzelnen Falle in der Gegenwart eintreten wird, und welche Analogie durch Association im einzelnen Falle Platz greifen wird, so wird die präsente Macht über eine Sprache auch heute noch gewonnen durch die Aufnahme klassischer Muster, so, daß wir uns begeistert mit ihnen erfüllen, sie versuchen nachzubilden, und dann darauf rechnen, daß, wo sich uns Gedanke oder Gefühl in Worte drängen, das durch jene Muster geweckte Sprach= vermögen sich ähnlich in uns bethätigen wird, wie es in ihnen sich bethätigt hat, und so immer neue Muster entstehen, in denen doch die erkannten physiologischen und psychologischen Elemente wesentlich mit= wirksam sind, aber im Moment der Neuproduction unbewußt. Da in diesen Erscheinungen so viele Elemente wirken und die Einzelnen nicht mit gleichem Talent und gleicher Kraft weder als Schüler noch als Lehrer die einzelnen gleich umfassen werden und können, so müßten die einzelnen Hauptseiten von verschiedenen Vertretern gelehrt werden von ihren besonderen Gesichtspunkten aus, wie ja z. B. in Geschichte der Geschichtsforscher und der umfassende Geschichtschreiber sehr wohl neben einander bestehen können und oft bestehen, mit gleicher wissenschaftlicher Tüchtigkeit jeder in seinem Gebiete, und doch einander für die Bedürfnisse ergänzend, und ebenso in den Sprachen der Sprachgelehrte im historisch=grammatischen Sinne und der Sprachkundige in ästhetischer, logischer und humanistischer Auffassung, jeder das Seine betonend und besonders treibend, ohne den anderen in seiner Wichtigkeit zu verkennen. Dazu müßte dann noch für diejenigen, welche Wissenschaft nicht treiben wollen, um in ihr als solcher sich thätig zu erweisen, sondern welche sie als Grundlage eines praktisch=geistigen Berufes betrachten, etwa wie Lehrer an Gymnasien, eine wissenschaftliche Fundamentirung gerade dieser Seite ihres künftigen Berufes hinzutreten. Auch hier genügt nicht, daß der Pädagog ihnen die allgemeinen Grundzüge der auf Physiologie, Psychologie, Logik und Ethik gegründeten Erziehungskunst lehrt, und daß sie vorher, um diese pädagogische Lehre überhaupt voll zu fassen, in Psychologie, Logik und Elemente der Ethik sich haben einführen lassen. Es muß eine spezielle Anleitung gegeben werden, was aus Geschichte, aus den Sprachen, neuen und alten, aus Geographie, wie sie die Wissenschaft in ihren Hauptrichtungen gerade ausgebildet hat, das für den vorbereitenden höheren Unterricht nach der Fassungskraft der Schuljugend und nach seinem bildenden Werthe Geeignete ist, wie denn in der That alte Philologie oder moderne als Zweig der allgemeinen Geschichte ganz etwas anderes ist, als wenn alte oder neuere Philologie von dem Gesichtspunkt aus betrachtet wird, was aus ihr für den höheren Jugendunterricht werthvoll ist und wie als eine Grundlage desselben zu betreiben wäre.

Es könnte scheinen, als ob durch diese Mannigfaltigkeit der Gesichtspunkte, von denen die Geisteswissenschaften zu betreiben wären, damit sie allen Bedürfnissen, die hier in Betracht kommen, gerecht werden, den lernenden jungen Männern neue und unerträgliche Lasten aufgebürdet würden. Damit komme ich auf einen Punkt, der die Aufgabe unserer Universitäten, die schon verwickelt genug ist, noch verwickelter zu machen scheint, und der dabei geradezu fundamental ist. Weder unserer, der Lehrenden, Geist ist allumfassend, noch ist dies und kann dies sein der Geist derer, welche sich unsrer Leitung anvertrauen; wenn also Wissenschaft nicht nur in sich einen Werth hat als edle geistige Beschäftigung, wie das Alterthum meinte, sondern auch in moderner Auffassung eine

Macht über die Natur und eine Macht auch über den Geist selbst ist, ihn verstärkend und steigernd, so haben wir es in alle dem, wenn wir Wissenschaft nicht blos erhalten und mehren, sondern sie auch lehren, mit Geistern unter ganz bestimmten Gesetzen menschlicher Natur nicht nur, sondern jugendlicher Natur zu thun, und wenn wir hierauf nicht Rücksicht nehmen, so haben wir nicht nur keinen Erfolg zu erwarten, sondern statt Wohlthäter können wir Verwüster menschlicher Wesen gerade in ihrer wichtigsten Entwicklungsperiode werden. Ich wiederhole hier zuerst Gedanken Schleiermachers, die in dieser Beziehung klassisch sind, weil er die enge Verbindung des Physiologischen und Psychologischen bei Hochhaltung des höheren Geistigen trefflich erfaßt hat. Nach ihm ist die Richtung auf das Darstellen der Persönlichkeit und zwar der körperlichen, ausgehend von dem Bewußtsein der Lebenskraft, etwas der Jugend ganz Natürliches; wo es fehlt, ist das ein Zeichen, daß das Lebensbewußtsein nicht so stark ist, als es sollte, oder daß eine krankhafte Anticipation späterer Lebensfunktionen die Jugendkraft verschlungen hat. Bei der männlichen Jugend richtet sich diese Darstellung auf die Kraft und Beweglichkeit. Sowie diese leibliche Darstellung unter den Typus der Kunst fällt, so finden wir dasselbe, wenn wir auf die geistige Receptivität sehen. Die Lebensbilder, die Bilder aller menschlichen Verhältnisse müssen entwickelt sein, und es ist nothwendig, wenn hiernach ein kräftiges Leben entstehen soll, daß ein Fundament von Orientirung in den menschlichen Verhältnissen zu Grunde liegt. Hier finden wir die Darstellung noch bestimmter auf dem Gebiete der Kunst, die sich nach der individuellen Stimmung mehr auf die plastische oder poetische Darstellung richtet; — was als Jugendrichtung, aber nicht als bestimmter Beruf aufzufassen ist. Soweit Schleiermacher. Anders ausgedrückt: der Jugend ist körperlich und geistig als zu ihrer gesunden Entwicklung gehörig eigen eine gewisse spielende Art, spielend im Sinne der griechischen Gymnastik und Musik. Da tritt nun hinein die Wissenschaft, die nicht mehr wie im Anfang unseres Jahrhunderts romantisch ist oder gar inneren Phantasiegebilden nachhängt, die für das Wesen der Welt und Gottes gegeben werden, sondern exakt, d. h. in Naturwissenschaft genau beobachtend, experimentirend und mit Mathematik verbunden, und selbst in den Hypothesen' ausgehend von den Winken der Erfahrung und zu ihr mit ihnen immer zurückstrebend, in den Geisteswissenschaften mit einem verwandten Zug auf Genauigkeit und auf das sorgsamste Durchforschen des Details, wobei das Unmittelbare oder was lange als unmittelbar galt, darauf angesehen wird, ob es die

Probe der tieferen Analyse aushält; selbst in der Philosophie, die doch oft das Vorrecht hatte in Lüften zu schweben, ist längst Kant's Ausspruch wieder eingesetzt zu Recht, daß Denken Arbeit sei und nicht müßiges Schwärmen. Dies alles ist zunächst etwas unjugendlich, und doch müssen einige Grundzüge der Wissenschaft streng selbstthätig erfaßt, andere, mindestens in dem Standpunkt der Genauigkeit, welcher erreicht ist, richtig aufgefaßt werden, auch von denen, welche auf den Universitäten nicht Wissenschaft suchen, um sie selbst als Wissenschaft später zu treiben, sondern sie als Grundlage eines praktisch-geistigen Berufes suchen, und dazu müssen die Grundlagen dieses praktisch-geistigen Berufes selbst noch angeeignet werden, ehe ein erfolgreiches Einleben in die Praxis zu erwarten ist, die dann immer noch viel Winke und viel Anweisungen im Einzelnen nach der Universitätszeit zu geben hat. Es soll also die Jugend in der Entfaltung ihres körperlichen Lebens zu Kraft und Freudigkeit nicht gehemmt werden durch die Universitätszeit, es ist daneben ein gewisser ästhetisch-phantasievoller Zug des Denkens, Fühlens und Strebens so wünschenswerth, daß für seine Weckung und Befriedigung auf Universitäten direkt Gelegenheit geboten sein sollte, aber auch Zeit. Es soll die Einführung in strenge Wissenschaft gewöhnlich mit Aussicht auf einen bestimmten Beruf statthaben, welche Einführung selbst wieder eine sehr verwickelte Aufgabe ist: Weckung der Selbstthätigkeit, Übung der Receptivität, auch so, daß dieselben über die Universitätszeit fortgesetzt erhalten bleiben können, Grundlegung der speziellen Richtung, welche etwa der Beruf erfordert; und daneben wäre doch auch wünschenswerth, damit nicht jeder blos in seinem Fach wie in einer eigenen Welt lebt, während in der wirklichen Welt alles zusammenhängt, daß Freiheit des Geistes gelassen würde, etwa bei einer Koryphäe der Wissenschaft ein oder die andere kleine Vorlesung allgemein wissenschaftlicher Art über die Fortschritte der Physik, der Chemie, der Nationalökonomie u. s. w. in den letzten 50 Jahren von Anfang bis zu Ende mit Begierde zu hören. Hier wird nichts übrig bleiben, als daß, je weiter und tiefer die Complicirtheit der Fächer geht, desto ernstlicher die Frage von den competenten Beurtheilern erwogen wird, was für Ausübung eines praktisch-geistigen Berufes unerläßlich ist, so daß alle es bis zu einer gewissen Selbstthätigkeit darin müssen getrieben haben, was dagegen sie mehr blos receptiv sich brauchen angeeignet zu haben, was in beiden Hinsichten mehr der Wahl des Einzelnen überlassen bleiben kann, so daß, wenn sie in einem thätig oder receptiv tüchtig sind, in dem anderen blos die nöthigsten Grundkenntnisse gefordert werden. Es wird das vielleicht nicht zum Verfall, sondern zum Aufblühen der Wissenschaften dienen, denn es giebt eine große Mannigfaltigkeit der ingenia. Wie Hobbes gesagt hat, ist es etwas Anderes, was den großen Mathematiker macht, und ein Anderes, was den Philosophen über Mathematik macht, das Eine schließt das Andere gar nicht ein. Der eine hat große Freude daran, kennen zu lernen, was Recht und Gesetz ist, und es logisch auf die concreten Fälle des Lebens anzuwenden; er hat aber vielleicht gar keinen Sinn für die geistige Thätigkeit des Gesetzgebers, welcher sich sagt: was ist für gewisse Fälle des Lebens die dem allgemeinen Nutzen und der freien Bewegung der Einzelnen möglichst förderliche Gestaltung, und gar keinen für die geschichtlich nacheinander hervorgetretenen Rechtsgestaltungen und was diesen jedesmal bewußt oder dunkel als treibendes Motiv zu Grunde lag. Und so ist es in allen andern Wissenschaften auch; soviel Köpfe, soviel Sinne, schadet hier gar nichts, wenn es nur Köpfe sind, und wenn nur Sinn darin ist, und soweit diesem Umstand unbeschadet der unerläßlichen Grundlagen eines praktisch=geistigen Berufes Rechnung getragen werden kann, desto besser wird derselbe eben als geistige Bethätigung dann sein. Auf Eins wird man gegenüber der Entwickelung der Wissenschaft Verzicht thun müssen, nämlich auf den Gedanken, daß eine ordentliche Gymnasialbildung und ein Aufenthalt auf Universitäten, ohne sich in irgend etwas eigentlich wissenschaftlich zu vertiefen, bei dem nöthigen gesunden Menschenverstand für einen praktisch=geistigen Beruf ausreiche, indem man aus letzteren selber die erforderliche sachliche Einsicht gewinne. Der gesunde Menschenverstand, d. h. die aus den nächsten Eindrücken gewonnene Auffassung und Beurtheilung hat bei der Complicirtheit und Vertiefung aller Verhältnisse heutzutage nur noch die Bedeutung, welche Talleyrand dem esprit zuschrieb: il sert à tout, mais il ne suffit à rien.

Nachdem so von einem allgemeinen Gedanken aus erst Streiflichter auf unsere Universitäten und ihre jetzigen und ihre möglichen anderen Einrichtungen sind geworfen worden, stehe ich nicht an auf Grund des Gesagten ins Einzelne und Bestimmte gehende Betrachtungen und Vorschläge anzufügen. Herzog Ernst von Gotha bemerkt in dem 1. Bd. des Buches „Aus meinem Leben" (S. 67—68): „Ich will mit dieser langen Aufzählung unseres Collegienbesuchs (von ihm und Prinz Albert) nicht die Meinung erregt haben, als wäre es unsere Absicht gewesen, eine fachmännische Bildung anzustreben. Man kennt das Wesen unserer deutschen Universitäten hinreichend, um ihre besten Wirkungen gerade in der Richtung allgemeiner Orientirung und geistiger

Anregung zu ermessen. Daß man ein paar Semester gerade in der eigenthümlichen Atmosphäre dieser idealen Welt ohne Zwang und wo möglich ohne Rücksichten auf die praktische Verwerthung sich bewegt hat, ist ohne Zweifel dasjenige Moment, welches mit Recht am meisten daran geschätzt wird." Noch zur Zeit, da ich selbst studirte (1856—60), war diese Schilderung im Ganzen zutreffend. In Heidelberg z. B. hörte der Jurist, nachdem er am Morgen bei Wangerow Institutionen und römische Rechtsgeschichte oder Pandekten gehört hatte, am Nachmittag bei Häußer irgendwelche Theile der neueren Geschichte, freilich die meisten als Gäste, aber ganz regelmäßig, wogegen der Mann einmal vergebens anzukämpfen versuchte. Auch in Berlin waren Droysen's Vorlesungen über neuere Geschichte gedrängt besetzt, auch von nicht Nachschreibenden. Jetzt hat Geschichte nach den Angaben historischer Dozenten selbst (Ott. Lorenz, Treitschke) aufgehört von anderen als Fachhistorikern und Schulamtscandidaten gehört zu werden, höchstens ein ein- oder zweistündiges Publicum wird noch bei einem Professor, der die Jugend besonders packt, auch von blos Allgemeininteressirten regelmäßig gehört. Woher kommen diese und ähnliche Erscheinungen? Die Antwort kann im Ganzen nicht zweifelhaft sein, wenn man nachgerade von jeder Universität her vernimmt, daß schon die Studenten im 1. Semester womöglich mit dem Professor gleichsam zu pactiren versuchen, welche Vorlesungen er gehört verlange, damit man bei ihm das Oberlehrerexamen oder den Doctor mache. Es existirt im Universitätsstudium keine Gemüthlichkeit mehr, d. h. nicht mehr die behagliche Stimmung, daß man ein paar Semester studire, wie es einem gerade gefällt, zwar im Allgemeinen Vorlesungen aus dem Fach wählt, dem man sich als Beruf widmen will, aber auch wohl andere daneben nach Neigung und selbst bloßer Neugierde, und daß man dann gegen Ende der Studienzeit sein Gepäck zusammensucht, d. h. überschlägt, was man sich angeeignet hat, das davon zum Examen Gehörige repetirt und, wo sich Lücken herausstellen, diese durch Buchstudien ausfüllt. Wenn, wie jetzt, von Anfang an in weitesten Kreisen alles auf einen bestimmten Zweck berechnet wird, so muß dieser Zweck sich sehr dem Bewußtsein von Beginn aufdrängen, und er muß für schwer erreichbar gelten, so daß man sich bei Zeiten daran begiebt, ihn möglichst auf geradem Wege und unter Vermeidung zu großer Anstrengungen zu erreichen. In der That ist das der Fall; die Wissenschaften sind nicht nur complicirter, detaillirter, genauer in sich geworden, sondern auch die Examina, die Doctorprüfung und, was noch mehr ins künftige Leben eingreift, die Berufsexamina sind schwerer geworden. Die Folgen sind verschieden; bei manchen ist es so, wie Erismann bemerkt (Gesundheitslehre für Gebildete 1885), die Schattenseite unserer Civilisation sei, den Menschen zu übermäßiger Anspannung seiner Kräfte und zum bewußten Zuwiderhandeln gegen die Gesundheitsregeln zu zwingen. Es kommt gegen die Examenszeit nicht selten vor, daß junge Männer an nervöser Erschöpfung leiden, und für einige Zeit die Studien abbrechen müssen, es kommt auch bei Juristen vor, nicht blos bei Theologen und der philosophischen Facultät Zugeschriebenen. Aber im Allgemeinen hilft sich die Jugend anders, sie hält sich instinktiv berechtigt zur Nothwehr und begegnet der Gewalt (der autoritativen Forderung) mit List. Man höre nur, wie die jungen Mediziner ungeniert vom tentamen physicum reden, das ihnen ein Greuel ist, sofern es von ihnen verlangt, was von Rechtswegen die Schule ihnen hätte mitgeben sollen. Sie belegen die bez. Vorlesungen, besonders die derjenigen Examinatoren, von denen sie glauben, sie merkten sich, wer bei ihnen gehört habe, gehen wenig oder gar nicht in dieselben, rühmen sich, in 4 Wochen vor dem Examen auswendig zu lernen, was sie gefragt werden; über die Fragen des Examens wird Buch geführt, und da nicht wohl in einer solchen Prüfung alles vorkommen kann, sondern es gewisse Grundkenntnisse giebt, bei deren Vorhandensein die Prüfung als bestanden erachtet werden muß, so ist die Methode im Großen erfolgreich, wenn man auch in Anschlag bringt, daß in den Schilderungen nach Jugendart nicht wenig übertrieben ist. Bei den Staatsexamina steht es sehr ähnlich. Daß die Juristen sich einpauken lassen kurz vorher, und bei wenig Fleiß in Vorlesungen, sofern sie mit frischem Gedächtniß und gesundem Menschenverstand begabt sind, den Referendar leisten können, ist bekannt. Bei den Medizinern ist Selbstsehen, Selbstpräpariren nothwendig, so daß hier, zumal da das Fach ohne lebhafte Neigung selten gewählt wird, früher schon und auch wohl jetzt noch ein mehr patriarchalisches Zusammenleben von Lehrern und Schülern statt hat. Bei den Theologen ist verhältnißmäßig viel Collegienbesuch, es wird aber ein Unterschied gemacht zwischen „wichtigen", (d. h. fürs Examen wichtigen) Collegien und anderen, das Arbeiten aufs Examen spielt eine große Rolle, wohl aber auch das (gegenseitige) Einpauken; trotzdem fällt ein nicht geringer Bruchtheil in den Prüfungen durch. In der philosophischen Fakultät wird auf den Examinator studirt, und es wird Buch und Rechnung geführt darüber, was er fragt, und was nicht, oder, wie oft fälschlich geglaubt wird, nie vorkomme,

z. B. bei dem und dem Physiker selten Electricität, nie Mechanik u. s. w.

Etwas von alledem war natürlich zu aller Zeit, aber es war eben bei den minderwerthigen Elementen, jetzt ist es weit verbreitet und gleichsam der allgemeine Geist. Höchst sonderbar sind die Abhülfen, die man dawider versucht: nachdem Reden über die Langweiligkeit der Professoren als unpassend zurückgewiesen sind, hat man eine Art Collegienbesuchszwang einzuführen gemeint, der es in die Hand des Professors lege, einem Studenten wegen Unfleißes die Bezeugung des gehörten Collegs zu verweigern. Wer schlecht sieht, kann keinen Gebrauch davon machen, wer gut sieht, würde sich die gehobene Stimmung, die zu jeder höheren geistigen Production erfordert wird, dadurch verderben, daß er stillschweigend den Aufpasser macht. Noch mehr hat man zu helfen gesucht durch Einrichtung und selbst Aufdrängung von Seminarien, wo Anleitung zu wissenschaftlichen Arbeiten soll gegeben werden. Was früher für eine Auswahl von Studirenden sich meist von selbst machte, das sollte nun wo möglich für alle eine direct oder indirect geforderte Einrichtung werden. Wie es früher war, darüber höre man Ranke: „Ein Universitätslehrer wird sehr bald gewahr, daß er zwei verschiedene Klassen von Zuhörern vor sich hat. Solche, die sich zu ihrer Bildung oder um ihrer künftigen Laufbahn willen die Wissenschaft im Allgemeinen anzueignen, sich darin zu befestigen suchen, und andere, welche Neigung haben und Beruf in sich fühlen, an der Fortbildung der Wissenschaft einmal selbstthätig Antheil zu nehmen. Die Vorlesungen nun können, dünkt mich, sehr wohl für beide gleich eingerichtet sein. Auch den Ersteren ist es nützlich, von dem Apparat der Gelehrsamkeit, der erforschenden Thätigkeit einen Begriff zu bekommen; für die Zweiten ist es nothwendig, die Totalität ihrer Disciplin einmal zu überschauen, um sich nicht von vornherein in dem Detail einzelner Untersuchungen zu verlieren. Beiden kann es nicht anders als förderlich werden, sei es die folgerichtige Entwicklung des Gedankens oder die innerlich zusammenhängende Darstellung der Thatsachen, die sich vor ihren Augen vollziehen, aufmerksam zu begleiten. Jedoch reichen die Vorlesungen nicht vollkommen aus. Namentlich für die zweite, soviel minder zahlreiche Klasse ist noch eine nähere Einführung in die eigentlich gelehrte Seite, Anleitung zu eigener Thätigkeit wünschenswürdig, wie man denn auch seit geraumer Zeit bald in den Seminarien unter öffentlicher Autorität, bald aus persönlichem Antrieb in freien Übungen hierauf Bedacht genommen hat." (Vorrede zu den Jahrbüchern des

Deutschen Reiches unter dem sächsischen Hause 1837.) Wo solche Seminarien Zwang sind oder eine große Empfehlung geben, weiß man seit Langem, wie es steht: die schriftliche Arbeit, die manchmal schon in den Proseminarien verlangt wird, nimmt dem Studenten, der eben noch kein angehender Gelehrter ist, die meiste Semesterzeit weg, so daß es wohl vorkommt, daß selbst ältere Studenten ein Buch wie Taine de l'intelligence zu studiren, um in die neuere Psychologie hineinzukommen, nicht Muße finden bei gutem Willen und Neigung dazu. Von den Erfahrungen mit den juristischen Seminarien kann hier schon erwähnt werden, daß im Allgemeinen das Streben, seit dem zahlreicheren Besuche, hervorgetreten ist, sie in Repetitorien zum Zweck des Referendarexamens zu verwandeln. Am seltsamsten ist, daß man den höchsten Staat glaubte machen zu dürfen mit dem, was ein Hauptzeichen krankhafter Überreizung ist: nämlich man schätzt eine Universität und einen Professor um so höher, je mehr Doctorarbeiten daselbst oder unter seiner Leitung gemacht werden. Von diesen Doctorarbeiten wird verlangt, daß sie nicht blos zeigen, wie etwa Arbeiten im Staatsexamen, daß der Verfasser im Allgemeinen orientirt ist, sondern sie sollen etwas Neues bringen, wenn auch keine neue Gesammtauffassung, doch etwas, das eine Förderung der Wissenschaft in einem bestimmten Punkt enthalte. Man denke: ein junger Mann, der 6—8 Semester studirt hat, soll nicht blos den augenblicklichen Stand einer oder selbst mehrerer Wissenschaften nach ihren verschiedenen Hauptseiten sich angeeignet haben, sondern auch schon so weit gereift sein, selbstständig in einer dieser Wissenschaften etwas zu leisten. Früher kam so etwas auch vor in Doctordissertationen, aber vereinzelt, gewöhnlich bei solchen, welche bald als angehende Gelehrte Privatdocenten auf Universitäten werden wollten; die übrigen Dissertationen waren nicht mehr als Proben von Fleiß im Zusammenstellen und Zusammenarbeiten, hatten keinen selbständigen wissenschaftlichen Wert. Wie diese Täuschung entstanden ist, daß in 3—4 Jahren viele junge Männer zu wissenschaftlicher Productivität könnten gebracht werden, ist schwer zu sagen. Sollte wirklich der Reserveoffizier auch in die Wissenschaft übertragen worden sein? sollte man in dunkler Analogie gerechnet haben: wie der Student nach einjährigem Dienst und einigen Nachübungen die Qualification zum Reserveoffizier erwirbt, so kann er auch gleichsam eine Art Geistesoffizier im Doctor werden? Dagegen hat Aristoteles daran erinnert, daß die kriegerische Tugend in der Menge ($\dot{\epsilon}\nu$ $\pi\lambda\dot{\eta}\theta\epsilon\iota$) am meisten verbreitet sei, aber es schwer sei, eine größere Zahl zu allseitiger Tüchtigkeit auszubilden (Pol. III, 7,

1279a, 39). Oder hat man mit dem Aufschwung des Deutschen Reiches geglaubt, daß auch die intellectuell-wissenschaftliche Stufe auf einmal müsse erhöht sein? Wunderbar ist, wie dies Doctordissertationen=schreiben als Arbeiten angehender Gelehrten dem Ausland mächtig imponirt hat, und sie dort (in England, in Amerika) ihm nachzueifern suchen, nicht merkend, daß das Ganze eine Selbsttäuschung ist, grob ausgedrückt, ein geistiger Humbug. Naturforscher haben nie angestanden auf Befragen zu erklären, daß die betr. Arbeiten nicht hätten gemacht werden können außer unter steter persönlicher Leitung und keine Gewähr seien, der Betreffende werde, wenn er das Laboratorium oder das Institut verlassen habe, jemals wieder eine solche Arbeit machen, was doch die Hauptsache sein würde, die zu erreichen wäre. Mathematiker haben ruhig eingeräumt, daß der Mann, der bei ihnen promovirte, mehrmals die Woche von 6—8 zu ihnen kommt, und sie das Thema mit ihm durchsprechen, das dann als seine Dissertation erscheint. Philologen haben die Unterscheidung erfunden, daß die Betreffenden die Abhandlung selbst, aber nicht selbständig gemacht hätten, zum Theil ist sie von ihnen mehrmals uncorrigirt worden. Ein medicinischer Professor hat die Ehrlichkeit gehabt geradezu von „wissenschaftlichen Unternehmern" zu reden, „welche die Gedanken haben, die Apparate geben, die Fragen stellen; die Schüler machen die Wägungen, Messungen, Analysen, Injectionen, Schnittserien und Reinculturen, welche die Antwort geben. Manche Schüler sehen sich dabei auch ab, wie man die Fragen stellt, andere verschwinden nach einer glücklichen Lösung mit dem Verlassen des Instituts für immer." Bei alledem sind nicht die Studenten die eigentlichen Träger des hieran Verkehrten; diese haben sich besonders beim Staatsexamen dagegen zu wehren versucht, daß man sie als angehende Gelehrte und nicht als blos wissenschaftlich für einen Beruf Vorgebildete zu nehmen versuche, aber sie sind ohnmächtig gegen den Taumel, der da wähnt, weil die Wissenschaft viel schwieriger und verwickelter ist als vor 20 Jahren, darum müsse auch mehr von der Jugend verlangt werden, während der richtige Schluß wäre: darum muß jungen Männern von 20—24 Jahren das von der Wissenschaft gelehrt werden, dessen sie fähig sind, und was höher ist, muß Einzelnen, besonders Begabten oder reiferen Jahren vorbehalten bleiben. Die Unpopularität, welche sowohl im Landtag als im Reichstag den Universitätsprofessoren auch von den akademisch gebildeten Mitgliedern dieser Körperschaften nach sehr glaubwürdigen Versicherungen

entgegengebracht wird, läßt darauf schließen, daß wir etwas Tiefer=
liegendes verfehlt haben.

Ich gehe dazu über, meine Gedanken, wie Universitäten heutzutage
eingerichtet sein sollten, kurz bejahend aufzustellen; dieselben sind von
den allgemeinen Gesichtspunkten S. 93 ff. beherrscht.

Sind Universitäten heutzutage nothwendig? Ich antworte: ja und
nein. Nothwendig sind sie als vom Staat im allgemeinen Interesse unter=
haltene Mittelpunkte der wissenschaftlichen Forschung und Lehre, nicht noth=
wendig sind sie, insofern der einzelne in Forschung eingeführt werden und
Wissenschaft sich aneignen kann auch außerhalb der Universität bei einem
einzelnen Manne der Wissenschaft, bei einem technischen oder wissenschaft=
lichen Institut einer Stadt oder Gemeinde oder eines Vereins, ja er kann
sich durch Bücher und Apparate vielfach selbst autodidaktisch ausbilden.
Es soll daher kein Universitätszwang sein und keine Universitäts=
vorrechte geben, es sind auch freie, d. h. nicht vom Staat unterhaltene
Universitäten zuzulassen.

Wer auf Universität kommt, hat vorher sein Jahr als Einjährig=
freiwilliger abzumachen, damit, wenn er körperliche Erholung nach der
langen Schulzeit nöthig hatte, er sie da gefunden hat; ist er körperlich
dann noch nicht zum Soldaten brauchbar, so wird er nach der
Universitätszeit eingestellt. Im Semester geschieht eine militärische
Einberufung nicht, diese werden alle in die Ferien verlegt.

Das Erste bei einer Universität ist in Zukunft, daß große und
schattige und je nach Bedarf auch sonnige Plätze für Turnen und
körperliche Spiele vorhanden sind, den ganzen Tag geöffnet. Fechten
und Tanzen wird allgemein gelehrt. Eine Badeanstalt Sommers und
Winters (20° C.) ist stets in Gebrauch. Reiten wird gegen besonderes
Entgelt gelehrt, es wird aber auch als Prämie bewilligt, wenn jemand
freiwillig zu diesem Behuf aus den Ferien eine Arbeit liefert, deren
Thema er selbst gewählt hat, und über deren wissenschaftliche Vor=
bedingungen er sich nachträglich ausweist. Wie auf den vorbereitenden
höheren Schulen der Handfertigkeitsunterricht überall dargeboten wurde,
so ein Analogon desselben auf den Universitäten in Gelegenheit zu
feineren künstlerischen oder mechanisch=technischen Arbeiten, die doch Er=
holung sind und zugleich Ableitung von abstractem Denken nach
Sinnen und Muskeln. Die jungen Leute auf der Universität wissen meist
gar nicht, was sie mit ihrer Muskelkraft anfangen sollen, die doch zu=
gleich in Folge des Wachsthums als Reiz ihnen zum Bewußtsein
kommt.

Stipendien werden abgeschafft, soweit rechtlich möglich, oder umgewandelt. In den ersten beiden Semestern muß sich jeder selbst unterhalten oder von Stipendien seiner Gemeinde oder Landschaft erhalten werden, die lediglich nach dem Gesichtspunkt der Begabung zusammen mit solidem Charakter bewilligt werden. Vom 3. Semester an ist Aufnahme möglich in Häuser mit Selbstverwaltung (ähnlich wie die Corpshäuser jetzt, nur auch mit Wohnung darin), wo man sich selbst halbe oder ganze freie Station verdienen kann durch Nachweis von Kenntnissen und freiwillige Arbeiten. In jedem solchen Hause wohnt ein Privatdozent, ohne daß die Studirenden an ihn förmlich gewiesen wären. Für diese Häuser werden die bisherigen Stipendien verwendet.

Die Honorare für die Vorlesungen werden nicht abgeschafft, sondern erhöht zu einer Gesammtsumme, für welche dann 18—24 Collegienstunden beliebig belegt werden können. Solchen, die sich einem strengen Examen unterziehen in irgend einem Zweig, den sie selbständig während der Ferien getrieben haben, wird das Honorar von der Regierung erlassen, indem sie für dieselben eintritt.

Die Ferien werden danach bemessen, daß, wenn ein junger Mann 4 Monate Vorlesungen gehört hat, etwa 3—4 täglich, also 3—4 Gedankenmassen tropfenweise neben einander in sich aufgenommen hat, ihm Zeit gegeben werden muß, daß diese neuen Gedanken sich nachklingend in ihm befestigen und ihm dabei vielleicht allerlei selbstthätige Combinationen derselben aufsteigen, unbeschadet dem, daß er daneben in anderer Umgebung sich wirklich ausruht oder auch nach Wahl sonst noch beschäftigt. Die Ferien betragen daher im Ganzen 4 Monate, vertheilt auf je 2 Monate nach jedesmal 4 Monaten Vorlesungen, welche Zeiten bis auf 3 Tage freien Spielraum an Anfang und Ende wirklich einzuhalten sind.

Jeder kann zu jeder Zeit beantragen, zum Doctorexamen einer Staatsuniversität zugelassen zu werden in irgend einer wissenschaftlichen Branche, wo und wie er auch seine Bildung erworben hat. Er wird dann als Chemiker z. B. oder Physiker oder Botaniker geprüft von mindestens 2 Professoren des Faches in Gegenwart eines von der Regierung zu ernennenden Unparteiischen. Bei diesem Examen ist der Unterschied zu beachten, daß Manche ganz gute Fähigkeiten in der concreten Auffassung haben und auch in concretem Zusammenhang, aber der abstracten Prinzipien weniger fähig sind, also z. B. die abstracte Methodik des Faches nicht beherrschen würden, in dem sie doch concret gut beschlagen sind, und in dem sie, wenn auch mehr instinktiv als logisch bewußt, selbst große Entdeckungen machen können (Unterschied der mehr associativen und der mehr logischen Köpfe). Hat der Examinand ein Fach soweit inne, daß er auf Grund seiner Kenntnisse nunmehr selbständige wissenschaftliche Arbeiten machen könnte, so wird er geprüfter candidatus doctoratus; liefert er dann innerhalb 3er Jahre eine wissenschaftliche Arbeit aus diesem Fach mit selbständigem Werth, so wird er Doctor der Physik, der Chemie u. s. w. Vor dem mündlichen Examen zahlt der Bewerber 100 Mark; erhält er einstimmig den 1. Grad, so bekommt er 70 Mk. zurück, beim 2. Grad 50 Mark, bei dem 3. nichts. Wer nicht den 3. Grad erhalten konnte, hat nicht bestanden; ein nochmaliges Examen kann nur noch einmal nach 2 Jahren gemacht werden; die ersten 100 Mark sind ein für allemal verfallen. Bei der Einreichung der wissenschaftlichen Arbeit werden wieder 100 Mark gezahlt; der erste Grad erhält 70 Mark zurück.

Zur Staatsprüfung wird jeder zugelassen, der sich bei einer staatlichen Examinationsbehörde durch eine eingesandte Arbeit, ev. auch noch durch eine Clausurarbeit, als wissenschaftlich vorbereitet ausweist. Staatsprüfung ist zunächst nur Erklärung, daß der Betreffende die und die Kenntnisse und Fertigkeiten hat. Für ein bestimmtes Amt wäre eine Bewerbung auszuschreiben, nach Ausweis der dabei eingegangenen Zeugnisse die Geeigneten auszusondern und unter diesen durch das Loos zu entscheiden, ev. auf Antrag auch nur eines derselben eine Besprechung anzustellen, welche öffentlich stattfindet, und nach welcher die betr. Behörde die Auswahl trifft.

Bei der Betrachtung, wie studirt werden soll, folgen wir den herkömmlichen 4 Facultäten, die, obwohl vielfach in einander greifend, noch immer die Hauptrichtungen der verschiedenen gelehrten Berufsarten angeben.

Für Theologie müßte Grundlage sein eine allgemeine geschichtliche Religionswissenschaft; dazu die Ergebnisse der Naturwissenschaft, soweit sie nicht mehr controvers sind und das Controverse eben als solches; ferner die Resultate der allgemeinen Geschichte, Elemente der Socialwissenschaft, besonders allgemeine theoretische Nationalökonomie; aus Philosophie Geschichte derselben, Logik, Psychologie. Diese Grundlagen füllen 3 Semester aus. Dann folgt Exegese des Neuen Testamentes, hierauf des Alten (Hebräisch nur soweit, daß neue Auslegungen beurtheilt werden können); die Exegese ist die grammatisch-historische. Hieran schließt sich Kirchengeschichte und als Theil der historischen Entwicklung

Dogmatik, auch die der eigenen Kirche. Alles das nimmt wieder 3 halbe Jahre ein. Jedesmal am Ende des 3. Semesters wird ein Examen gemacht, ohne vorhergängige schriftliche Arbeiten, aber nach Wahl mündlich oder schriftlich; mit jedem Examen ist der Cursus fertig. Den Abschluß bilden 2 Semester Apologie des Christenthums, d. h. Versuch des Nachweises, daß außer dem besonderen Gefühlswerth, den jede Confession sich selbst zuschreibt, ihre damit zusammenhängenden theoretischen Aufstellungen nicht in Widerspruch mit der Wissenschaft stehen (ev. die betr. Texte oder Urkunden anders erklärt werden müssen), und eine hoffnungerweckende Ergänzung etwaiger Lücken des Wissens bieten. Alles Praktische gehört in die Zeit nach diesen 8 Universitäts= semestern und auf besondere Anstalten kirchlicher Art, soll aber auch da von Männern wissenschaftlicher Durchbildung geleitet werden. Jene 8 Semester sind ein Rath; meldet sich einer früher zum Universitäts= examen, so macht er es auf seine Gefahr und büßt wie beim Doctor im Fall, daß er nicht den 3. Grad erhalten konnte, 100 Mark ein. Der ganze Ansatz des theologischen Studiums ist natürlich auch nur ein Rath wegen der religiösen Freiheit, aber selbst die katholische Kirche wird auf etwas Ähnliches geführt werden, wenn sie nicht den Zusammen= hang mit dem wissenschaftlichen Leben verlieren will.

Was das Studium des Rechtes betrifft, so deutet Franke (Natur= recht, geschichtliches Recht und sociales Recht, 1891) an, daß jetzt dem Studirenden das Recht ein Conglomerat von Einzelbestimmungen sei, deren Zweck und Tragweite ihm in Dunkel gehüllt bleibe; es werde von ihm lediglich unter dem Gesichtspunkt der logischen Durchbildung betrachtet. Als Hülfe wünscht er, daß es zugleich und vor allem unter dem Gesichtspunkt seiner socialen Function, d. h. seiner Bedeutung für die menschliche Gesellschaft klar werde. Zu diesem Zweck möchte er, daß die Justizverwaltung verpflichtet werde, zum mindesten jeden ordent= lichen Lehrer des Rechtes auf Wunsch als Richter zu beschäftigen. Indem der Dozent mit dem Rechtsleben in Berührung komme, werde ihm die Aufgabe, den Studirenden das Verständniß desselben zu er= schließen, unendlich erleichtert. Außerdem soll dem Studirenden das Verständniß des Lebens erschlossen werden, dem das Recht dient. Dieser socialen Seite der Jurisprudenz (der sociologischen Jurisprudenz) sei es wohl beschieden, allmählich die Führerrolle einzunehmen. Sie studire zunächst die einzelnen Lebenserscheinungen. Vom Handel, den Verhältnissen des Grundbesitzes, des Handwerks steige sie hinab zum Leben und Treiben des Verbrecherthums, zu der Erkenntniß der

Bedingungen, welche das Individuum oder ganze Klassen der Bevölkerung dem Verbrechen in die Arme treiben. Sie studire sodann nicht nur die Gesetze, welche diese Verhältnisse zu regeln bestimmt sind, sondern zugleich die realen Wirkungen der Gesetze auf diese Verhältnisse. In diesem Sinne prüfe sie den Einfluß der Hypothekengesetzgebung auf die Verhältnisse des Grundbesitzes, der Actiengesetzgebung auf den Handel, der Armengesetzgebung auf den Wohlstand, der Strafen und ihrer Vollstreckung auf die Verbrechensziffer.

Hiernach soll also der Studirende der Rechte einerseits unmittelbar die Rechtsprechung lernen, andererseits die Kunst des Gesetzgebers zugleich mit einer Prüfung der gegebenen Gesetze auf ihren Erfolg. Es ist zu fürchten, daß beides zunächst weit über die Kräfte junger Männer von 20—23, 24 Jahren geht; aus einzelnen besonderen Begabungen darf man nicht schließen wollen, es sei das Gleiche allen möglich, es wäre das der S. 99 gerügte aristotelische Schluß, der beständig zu unendlichem Unrecht schon gegen die mittlere Befähigung führt, und indem er alles der besonderen Begabung anpaßt, für alle anderen im Grunde gar nicht sorgt. Es ist gewiß höchst anziehend, etwa einem Lehrer des römischen Rechts zu folgen, der auseinander setzt, aus welchen socialen Verhältnissen dasselbe in seinen verschiedenen Perioden hervorgegangen sei, und welche Zwecke es sich gesetzt und wieweit es dieselben erreicht habe, aber gebildete Männer reiferer Jahre aus hochstehender juristischer Praxis haben mir versichert, wenn sie bei einem solchen Manne einige Male als Gäste gehört hatten, daß eben für sie das ein hoher Genuß war, aber ihnen nicht faßbar sei, wie junge Männer von 19, 20 Jahren das verstehen sollten und könnten. In der That ist es schon vielen verwunderlich erschienen, daß im 2. Semester des juristischen Studiums man die Pandekten hört, also die Rechtssammlung, welche ein Niederschlag einer mehr als 1000jährigen Entwicklung eines für Recht und Verwaltung ganz vorzüglich begabten Volkes war: lehrt man dabei die historisch-sociale Seite besonders hervor, so wird die praktische jetzige Rechtsverwendung leiden, betont man diese, dann jene; und jede für sich ist eine Zumuthung über Jahre und ganze Anschauung eines jungen Mannes, falls er nicht eben eine ausnahmsweise Begabung für Recht und gerade römisches Recht hat, wie sie vereinzelt vorkommt. Die thatsächlichen Verhältnisse sind denn auch gerade bei den juristischen Studirenden die, daß sie sich den Vorlesungen mehr entziehen, belegen, aber nicht hören. Statt sich nun zu sagen, daß, wenn so etwas in ausgedehntem Maße vorkommt, vielleicht in den

Einrichtungen selbst ein Mangel steckt, hat man gerade den Weg noch
gesteigerter Forderungen eingeschlagen: man hat möglichst Seminarien
eingerichtet und examensbehörderseits empfohlen, in welchen zu wissenschaftlichen Arbeiten soll angeleitet werden. Man hat seitdem gerade
bei den romanistischen Seminarien die Erfahrung constatirt (Eck), daß der
Zulauf zugenommen hat, aber auch das Streben der Besuchenden besteht,
das Seminar in ein Repetitorium des römischen Rechts zum Zweck des
Referendarexamens zu machen, ein deutlicher Fingerzeig, was noth thut. Auch
von München aus (Beckmann) ist die gleiche Erfahrung bestätigt worden.

Ein unparteiischer Beobachter könnte geneigt sein, folgenden Vorschlag für das juristische Studium zu machen: nach dem Gymnasium
wird das Militärjahr abgeleistet, also überwiegend noch im Elternhaus.
Es folgen zwei Semester Nationalökonomie, allgemeiner Theil und ein
besonderer, Geschichte des römischen und deutschen Rechts, des Privat-
und Staatsrechts. Am Schluß der zwei Semester findet ein Examen
statt, womit diese Fächer abgemacht sind. Diese Prüfung wird nach
Wahl schriftlich (in Clausur) oder mündlich abgelegt; in beiden Fällen
wird eine Anzahl Fragen gestellt und in zusammenhängender Ausführung
beantwortet. Es folgt ein Jahr Einführung in den praktischen Justiz-
dienst; die Römer ließen ihre jungen Leute um die Rechtskundigen in
Ausübung ihrer Kunst sein und versetzten sie so in die Sachen selbst,
was nicht blos in der Poesie empfehlenswerth ist; wer viele juristische
Studenten gekannt hat, weiß, daß dieselben meist erst in der Praxis
ein Herz zur Sache bekommen. Nach den Gerichtssitzungen wäre über
die vorgekommenen Fälle und ihre Behandlung in Hauptzügen von dem
leitenden Richter zu sprechen; die Studirenden könnten dabei bald zur
Protokollirung oder dergl. verwendet werden. Erst nach dieser zweijährigen theoretischen und praktischen Vorbereitung beginnt das juristische
Studium im engeren Sinne, wesentlich darauf ausgehend, das jetzt
geltende Recht nach seinen Motiven, Abzweckungen, Bedeutung, Formen
zum Verständniß zu bringen. Hierbei wird ausgeschieden, was schlechterdings in allen gleich von Kenntnissen sein muß, daneben bleibt dem
einzelnen Studirenden offen, welcher Branche er neben den Grund-
kenntnissen in allen sich besonders zuwenden will und in welcher Methode,
ob mehr geschichtlich, ob in der Weise der Gesetzgebungskunst, ob logisch-
psychologisch und hier wieder mehr analysirend oder synthetisirend
(Weiterbildung einzelner Rechtspartien).

Das Referendarexamen müßte sich an das in obiger Weise auf
den Universitäten Gelehrte anschließen und mindestens schon ein halbes

Assessorexamen sein, dessen Anforderungen bloßes Einpauken gar nicht
genügen könnte; in welchem Fache einer hierbei die erste Note erhielte,
in dem müßte er im Assessorexamen frei von der Prüfung sein. Wahl
zwischen mündlicher und schriftlicher Prüfung müßte auch hier offen
gelassen werden.

Den Studirenden des Rechtes wäre schon heute zu Gemüthe zu
führen, daß Duellschmisse im Gesicht des Richters, der Modestolz
studentischer Jugend von heute, den Socialdemokraten und überhaupt
dem Volke stets ein Beweis sind: 1) für Rechtsungleichheit; denn daß
Duelle anders behandelt werden als die Streitigkeiten der Arbeiter, die
oft auch nicht mehr sind als ein neckendes Zeigenwollen ihrer Kraft und
Ausfechtung kleiner Eifersüchteleien, gilt ziemlich allgemein als gewiß:
2) als Beweis, daß die Herren nicht studirt, sondern blos studirens=
halber auf Universitäten sich aufgehalten haben und sich zuletzt noth=
dürftig zur Prüfung einpauken ließen. Gerade der Justiz= und höhere
Verwaltungsbeamte aber müßte in der öffentlichen Meinung sich heben
durch die wiederzuverbreitende Überzeugung, daß es ihm praktisch und
theoretisch bei aller jugendlichen Fröhlichkeit stets ernst gewesen, und
Gesetze und Verordnungen ihm nie Netze für andere, Spinngewebe für
ihn selbst gewesen seien.

Über das medicinische Studium ist es vielleicht am leichtesten zu
reden, da Grundlagen und Zielpunkte desselben fest stehen. Die krank=
haften Vorgänge im lebenden Organismus sind ein Geschehen nach
physikalischen Gesetzen unter den im Organismus durch irgend eine
abnorme fremde Einwirkung auf ihn gegebenen Bedingungen; so wird
die Pathologie zur Physiologie und die Methode beider identisch mit
der aller Naturwissenschaft (Henle). Nach Huxley sind die größten je
gemachten Schritte, die Medicin auf wissenschaftliche Grundlage zu stellen,
1) daß man die Erklärung krankhafter Zustände in modifizirtem Zell=
leben sucht; 2) die Entdeckung des wichtigen Antheils, welchen parasitische
Organismen in der Ätiologie der Krankheiten spielen; 3) die Aufhellung
der Wirkung der Medicamente durch die Methoden und Daten der
experimentellen Physiologie. — Mitbringen muß nach Huxley der
medicinische Student aus seiner Vorbereitungsschule die grundlegenden
Principien der Physik, Chemie und Biologie. Die ersten beiden Jahre
des medicinischen Studiums widmet er nur der Anatomie und Physiologie
mit physiologischer Chemie und Physik. Dann macht er sofort ein
Examen darin mit Abschluß dieser Disciplinen. Von da ab treibt er
Therapeutik, praktische Medicin und Chirurgie, mit Hygiene und

medicinischer Jurisprudenz. — Erst wenn er die Prüfung als allgemeiner Arzt bestanden hat, kann er sich einem Specialfach zuwenden; für diese Specialisten müßte es nicht mehr ein Staatsexamen geben, wohl aber eine Probe mit wissenschaftlicher Besprechung bei dem Vertreter des Specialfaches an einer Universität (geprüfter Specialist). Da die praktischen Ärzte kaum im Stande sind, neben ihrer anstrengenden Berufsthätigkeit noch die wissenschaftliche neue Literatur gleichmäßig zu begleiten, so müßte jedes Jahr in einer Zeit, wo immer eine größere Anzahl abkommen könnte, ein 14 tägiger Cursus für praktische Ärzte an den Universitäten gehalten werden über die Fortschritte der einzelnen Fächer (Chirurgie, allgemeine Pathologie, Augenheilkunde u. s. w.). Der Besuch wäre freiwillig und unentgeltlich, die Lehrer aber vom Staate zu entschädigen.

Das medicinische Studium ist an sich an eine Universität nicht gebunden. Große Städte mit großen Krankenhäusern wären dafür auch geeignet. Schon jetzt liegen die medicinischen Lehranstalten der Universitäten von den übrigen Gebäuden derselben oft so ab, daß ein anderer als nomineller Zusammenhang mit der Gesammtuniversität doch nicht existirt, und die Studirenden der Medicin haben kaum irgend Zeit, neben ihren Fachstudien Anderes zu treiben, als was zur leiblichen und geistigen Erholung dient; auch von den medicinischen Professoren wird vielfach gesagt, daß sie sich und ihre Anstalten wie eigene Mittelpunkte und eine Welt für sich betrachten.

Indem wir uns zu der vielumfassenden philosophischen Facultät wenden, mag der Name uns veranlassen zu der Frage: soll im engeren Sinne Philosophie überhaupt und von allen studirt werden? Ich knüpfe an eine Bemerkung Whately's an, die, von Engländern richtig, auch bei uns Anwendung haben dürfte. „Es giebt einige (wahrscheinlich nicht so viele wie 1 unter 10 von solchen, die in anderer Rücksicht erträgliche Fähigkeiten haben), welche des Grades stetiger Abstraction physisch unfähig sind, der erforderlich ist, die Principien der Logik oder einer anderen Wissenschaft wirklich zu erfassen, welche Mühe auch sie selbst oder ihre Lehrer sich geben mögen. Aber für eine viel größere Zahl ist das eine große Schwierigkeit, obwohl keine Unmöglichkeit, und sie haben natürlich eine starke Abneigung gegen ein solches Studium." Es kann jemand in dem operativen Theil der Chemie, d. h. in Experimenten und selbst einer sinnvollen Veranstaltung derselben sehr bewandert sein, und es fällt ihm doch schwer, die dabei waltenden methodischen Regeln in abstracto zu erfassen. Wöhler hat mich ein

paar Jahre vor seinem Tode gefragt, ob er wohl Lotze's neu erschienene
letzte Logik verstehen werde; ich ließ sie ihm unter Lachen, daß er das
nicht verstehen solle, was höchstens durch seine Mathematik und Natur=
wissenschaft Schwierigkeit bereiten könne. Er gab das Buch mir aber
bald zurück, erklärend, es ginge nicht mehr in seinen Kopf. Nun ist
Lotze's Logik nicht etwa ein Buch, das einen ganz neuen philosophischen
Jargon bringt oder unerhörte Lehren aufstellt, viele ältere Studenten,
besonders der Mathematik und Naturwissenschaft, werden es leidlich
verstehen. Dabei hatte Wöhler frühere mehr mit Medicin in Beziehung
stehende Werke Lotze's sich mindestens angesehen; er hat mir selbst
erzählt, er habe in einem derselben eine chemische Ansetzung gefunden,
die er nicht gekannt, sei gleich ins Laboratorium gegangen die Probe
zu machen, und alles sei richtig gewesen. Wenn ein Erfinder in der
Wissenschaft sich gegen das Abstracte so verhalten kann, so ist es wohl
zu rathen, hier Einsicht zu haben und nicht Philosophie von allen zu
fordern. Wie schon gesagt (S. 115-6), man kann sich doch in einem
Examen durch zahlreiche Beispiele von Verfahrungsweisen überzeugen,
ob einer die geistige Gewandtheit hat, trotzdem er vielleicht die abstracten
Formeln dafür nicht im Sinne behalten kann. Nur Psychologie im
modernen Sinne, also in Verbindung mit den physiologischen bez. Lehren,
sollte eigentlich jeder kennen, aber diese kann concret vorgetragen werden
als beschreibende Wissenschaft: das und das ist zusammen, das und das
begleitet einander, das und das folgt auf einander; man kann in der=
selben die metaphysischen Deutungen ganz draußenlassen als eine Sache
für sich. In diesem Sinne ist Psychologie dem Mediciner nothwendig
als Theil der Hygiene und Anknüpfungspunkt der Psychiatrie, dem
Juristen wegen der Motive und der rechtlichen Verantwortlichkeit, dem
Theologen zum Verständniß der wirklichen Menschen, dem künftigen
Schulmann als Anknüpfungspunkt für pädagogische Behandlung der
Jugend. Philosophie außerdem sollte nur geprüft werden, wo sie
einer freiwillig wünscht und dann eine Zierde und Empfehlung sein,
sowohl im Doctor= wie im Berufsexamen; unter gleichstehenden Be=
werbern z. B. würde der mit Philosopie vorgezogen, oder etwa wer
im Doctor den 2. Grad verdiente, erhielte diesen dann „mit Aus=
zeichnung". In Philosophie selbst würde dann natürlich mehr zu verlangen
sein, als jetzt im Staatsexamen der künftigen Lehrer gefordert wird.
Es würde, wo Geschichte der Philosophie besonders vom Candidaten
gewünscht wäre, außerdem Bekanntschaft mit Psychologie und Logik
gefordert, sodann Vertrautheit mit dem Ideengehalt und den Beweisen der

hauptsächlichen Philosophen nicht nur, sondern auch Beschäftigung mit einem oder dem anderen ihrer Hauptwerke selber. Wo systematische Philosophie besonders angemeldet wäre, müßte neben allgemeiner Bekanntschaft mit der Geschichte der Philosophie Kenntniß der logischen Controversen dasein, metaphysische Psychologie oder Kritik ihrer Versuche, sodann entweder Metaphysik oder Naturphilosophie, Moral oder Ästhetik und Analoges. Wer Philosophie als selbständiges Fach studiren will, der kann das gleichfalls mehr historisch oder mehr systematisch thun; beim überwiegend historischen Betrieb ist zu verlangen, daß man auch mit der höheren philologischen Kritik sich bekannt gemacht habe und mit der allgemeinen Cultur- und Wissenschaftsgeschichte. Will einer mehr systematischer Philosoph werden, so kann er entweder eine mehr theoretische oder mehr praktische Richtung nehmen; bei der mehr praktischen Richtung ist zu fordern, daß sie Nationalökonomie, Grundzüge der Rechts- und der Staatswissenschaft kenne und außerdem allgemeine Culturgeschichte, bei der mehr theoretischen Richtung ist außer etwas von höherer Mathematik speciell Physik und Physiologie der Sinne schlechterdings erfordert. Ästhetik setzt Kunstgeschichte voraus und zugleich Bekanntschaft mit der schönen Literatur der Hauptvölker. Es haben zwar die einzelnen Wissenschaften heutzutage viel Philosophie in sich, insofern sie auf den Zusammenhang der Erscheinungen und ihrer verschiedenen Gebiete sehr sehen und wohl auch in Erwägung ziehen, auf welchen Hintergrund die hauptsächlichen erreichbaren Feststellungen der Wissenschaften deuten, aber darum bleibt Philosophie immer noch eine Aufgabe für sich, nur eine, die nicht anders gelöst werden kann als auf Grund von Kenntnissen der realen oder geschichtlichen Wissenschaften und der Mathematik. Es sind verschiedene Gaben, ein großer Mathematiker und ein Philosoph der Mathematik sein, und so durch alle Wissenschaften hindurch, es ist aber auch nicht nöthig, daß ein jeder Philosoph sei oder eine Philosophie habe. Man kann sich zwar nicht mehr mit dem gesunden Menschenverstand begnügen (S. 108), wenn man nicht mit Friedr. von Raumer unter einer Philosophie des gesunden Menschenverstandes versteht das Schatzhaus ächter Ergebnisse menschlicher Geistesentwicklung; denn allerdings kann man sich mit den Hauptergebnissen der modernen Wissenschaft begnügen, indem dieselben nicht nur der weiteren Forschung Wege zeigen, sondern auch für Praxis und Leben durchaus Grundlinien sicheren und würdigen Wandels an die Hand geben.

Für Mathematik und die einzelnen Naturwissenschaften, wo jede derselben als solche studirt wird, kann keine Vorschrift gegeben werden;

da entscheidet das Talent des Schülers im Auffassen und das Talent des Lehrers in der Entwicklung seiner Anschauung oder in Darlegung und experimenteller Handhabung seiner Methode. Aber auch jeder künftige Lehrer auf höheren Schulen sollte 3 Semester etwa nur Wissenschaft als solche studiren, sich auswählend, was ihn von den einzelnen gerade fesselt, oder was er besondere Begierde hat, näher kennen zu lernen. Nach dieser Zeit sollte er ein Examen machen in dem, was er getrieben, mündlich oder schriftlich, wenn er nicht blos wissenschaftlicher Mathematiker, Physiker u. s. w. werden will. Für die künftigen Gymnasiallehrer sollten dann etwa 4 Semester gelehrt werden, wie in der Berner Abtheilung für höheren Schulunterricht: Algebra, Elemente der Integralrechnung, ebene Trigonometrie, sphärische Trigonometrie, praktische Geometrie, analytische Geometrie, darstellende Geometrie, Physik, Astronomie, Botanik, Anatomie und Physiologie, Zoologie (die wichtigsten Thierklassen und deren Vertreter, systematische Übersicht im Sinne der Abstammungslehre, Übungen im Bestimmen), Mineralogie und Geologie (das Wesentlichste); Elemente der anorganischen, Grundbegriffe der organischen Chemie, Hygiene. — Je nach Individualität kann man auch den Lehrercursus zuerst durchmachen, sein Examen darin ablegen und dann die 3 wissenschaftlichen Semester anfügen. Das Zwischenschieben des Examens nach Vollendung jedes Curses hat den Zweck der Erleichterung; das in Methode und Manier Zusammengehörige wird auch abschließend zusammengefaßt, unterbrochen durch eine andere Manier und Methode. Später ist es wünschenswerth, daß alle fünf Jahre die mathematisch-naturwissenschaftlichen Lehrer höherer Schulen wieder einmal einen zwei- bis dreiwöchentlichen Cursus an einer Universität haben, wo ihnen die inzwischen in den verschiedenen Gebieten erreichten Fortschritte vorgeführt werden; denn mit diesen muß man in natura, also in experimentellen Vorweisungen, zusammentreffen und sie womöglich selbst einmal gemacht haben, um sie anschaulich und lebendig auch Schülern weiter geben zu können. — Über die Art dieses Universitätsunterrichts für künftige Lehrer s. a. S. 134. Wieviel pädagogische Vorbildung allen künftigen Lehrern höherer Schulen mitzugeben sei, darüber wird bald eine allgemeine Bemerkung gemacht werden.

Was die historischen und philologischen Fächer betrifft, so beginne ich mit der Philologie im engeren Sinne, die sich selber gerne als philologische Kritik bezeichnet und damit meint das Bemühen, eine Schrift in ursprünglicher Gestalt und von willkürlichen Änderungen gereinigt herzustellen, wozu sich noch der Versuch gesellt, Ächtheit, Zeit, Veranlassung derselben auszumachen. Niemand sollte das an Schriften früherer Zeiten versuchen, ehe er an neueren Schriftwerken gelernt hat, was alles in Wirklichkeit vorkommt; nur so wird man davor bewahrt, nach ideallogischen oder idealpsychologischen Regeln zu verfahren, nach denen keine Wirklichkeit je sich streng gerichtet hat. Es ist freilich ein Gesetz der Logik, daß man sich nicht selbst widersprechen soll, deßhalb giebt es doch nicht einen einzigen noch so großen Philosophen, der das nicht gethan hätte in einer für uns oft sehr auffallenden Weise; wieviel weniger wird man bei Dichtern Widerspruchslosigkeit fordern dürfen. Cervantes läßt im ersten Theile des Don Quixote nächtlicher Weile dem Sancho Pansa seinen Esel sehr listig stehlen, und wenige Seiten darauf finden wir Sancho wieder auf seinem Grauen. Der Dichter hat den Widerspruch nicht bemerkt, mancher Leser merkt ihn auch nicht; im zweiten Theil, als der Dichter darauf aufmerksam geworden war, erklärte er ergötzlich, der Setzer habe einen Abschnitt ausfallen lassen. In Calderons Dramen liegt Jerusalem an der Seeküste, fließt die Donau zwischen Schweden und Rußland, — ein großer Dichter ist darum noch kein guter Geograph. Aber so wunderlich leitet z. B. die Verehrung eines Dichters, daß, wenn bei Shakespeare Ähnliches vorkommt, man zwar nicht den Text ändert, aber doch wohl meint, gewußt habe Shakespeare natürlich das Richtige, aber aus besonderen Gründen den Ansatz anders gemacht. — Wie groß der Schein der Unächtheit sein kann bei nachweisbarer Ächtheit, lernt man aus Macaulay's Mittheilungen bez. des jüngeren Pitt. Als Knabe schon (1773) schrieb derselbe eine Tragödie, die noch in Chevening aufbewahrt wird. Thema ist ein Streit über Regentschaft: einerseits ein treuer Diener der Krone, andererseits ein ehrgeiziger und grundsatzloser Verschwörer. Zuletzt erscheint der vermißte König, nimmt die Gewalt wieder an sich und belohnt den treuen Vertheidiger seiner Rechte. Ein Leser, der nur nach innerer Evidenz urtheilte, würde nicht zögern auszusprechen, daß das Stück von irgend einem Pittisch-gesinnten Dichterling geschrieben wäre zur Zeit der Dankfeste für die Wiederherstellung Georg III. im Jahre 1789. — Daß ein Schriftsteller zwei Stile nacheinander haben kann, lernen wir an Sam. Johnson, über welchen Macaulay bemerkt: Johnson hatte einige Jahre wenig geschrieben und viel Unterhaltung geführt (talked). Als er die Lebensbeschreibungen der Dichter absaßte, hatte er so den früheren Manierismus mehr abgelegt; seine Diction hatte häufig die Leichtigkeit des Gesprächs (a colloquial ease). — Daß

bei einem Meister der Sprache die Leistungen gleichzeitig nebeneinander
sehr abstechend ausfallen können, nicht nur in verschiedenen Stil=
gattungen, sondern auch in der nämlichen, davon ist kein geringerer ein
authentischer Beleg als Lord Chatham, von dem Wilkes nach den Eng=
ländern mit Recht urtheilte: „Der beste Redner und der schlechteste
Briefsteller seiner Zeit", und von dem Lord Mahon berichtet: „Wenn
Chatham ohne vorhergegangene Studien (seine ausgearbeiteten Reden
sind die schlechtesten) und ohne eine andere Vorbereitung, als sie in den
Talenten lag, welche die Natur ihm geschenkt und die Erziehung noch
mehr ausgebildet hatte, sich erhob, vielleicht durch irgend eine Aus=
flucht der Verdorbenheit oder durch einen tyrannischen Anschlag zum
Zorn gereizt, dann hörte man eine Beredsamkeit, welche weder in der
alten noch in der neuen Zeit jemals übertroffen worden ist." Auch
von Fox, dem Gegner des jüngeren Pitt, dessen Beredsamkeit die
Bewunderung seiner Tage war, ist anerkannt, daß er als Historiker seinem
Ruf nicht entsprach. Wie sehr derselbe Schriftsteller nach einer Seite wahr,
nach einer anderen irrend sein kann, damit muß man sich an Burke durch=
dringen, dessen allgemeine politischen und philosophischen Maximen noch in
ferner Zukunft mit Nutzen werden studirt werden, während seine Urtheile
über gleichzeitige Charaktere allgemein als engherzig bezeichnet werden, weil
er diese Charaktere immer nach seiner Einbildungskraft sich so oder so
ausmalte. — Wie sehr auf die Urtheile einer Schrift die besondere Ab=
sicht derselben einwirken kann, dafür ist aus Macaulay das Beispiel Lord
Chesterfields bemerkenswerth, dessen (ursprünglich gar nicht zur Veröffent=
lichung bestimmten) Briefe an seinen Sohn sich die Aufgabe stellten,
den guten Geschmack und die Feinheit der Formen zu erheben. Des=
halb schrieb er beständig und systematisch den Erfolg der ausgezeichnetsten
Männer seiner Zeit ihrer Überlegenheit in der oberflächlichen Anmuth
der Rede und Sitte zu. — Wie wenig man von dem Dichter auf den
Menschen schließen darf, lehrt das, was Sam. Johnson betreffs Thomson,
des Verfassers der Jahreszeiten, berichtet. „Savage, der viel mit Thomson
lebte, erzählte mir einst, wie er eine vornehme Dame die Bemerkung
habe machen hören, daß sie aus Thomson's Werken drei Seiten seines
Charakters entnehmen könne, daß er nämlich groß in Liebe, im Schwimmen
und in Frugalität gewesen sei, aber, sagte Savage, er kannte keine
andere Liebe als die sinnliche, er war vielleicht nie in kaltem Wasser
und er schwelgt in allem Luxus, der ihm erreichbar ist." — Wie sehr
man sich hüten muß, Dichter etwa aus Vorsätzen und Absichten zu er=
klären, wie sehr bei ihnen das Instinctive ihrer geistigen Art alles ist,

das lehre Tieck, dem nach seinen persönlichen Erzählungen (Koepke) frühzeitig ein schwermüthiges Sinnen, ein Versinken in sich selbst eigen war, welches sich bisweilen mit furchtbar hervorbrechender Gewalt der Phantasie verband, diese ward für ihn ebenso oft Quelle des Entsetzens als der dichterischen Entzückung. Gerade das Tiefsinnige, das Geheimnißvolle im Leben des Geistes und in der dichterischen Offenbarung hatte Tieck's Seele von jeher erfüllt. — Ehe man daran geht, Ausgaben mit Varianten (der Codices und der Conjecturen der Kritiker) durchzugehen, nehme man etwa Lessing vor in einer Ausgabe, welche die volle Gestalt des Originals und die Varianten — aus den Concepten seiner eigenen neuen Auflagen — bietet, und lerne daran, wie ein Autor sich selbst beurtheilen kann (Riehl). — Nach solchen Vorbereitungen mache man sich endlich mit Bentley's Ausgabe von Miltons verlorenem Paradiese bekannt. Nach Jebb (Bentley's Leben) nimmt Bentley bei demselben außer dem Schreiber, dem es diktirt ward und der nach ihm zahlreiche Orthographie- und Interpunctionsfehler machte, noch einen größeren Sünder an, den Herausgeber, der nur in Bentley's lebhafter Phantasie existirte, dem Milton sein Manuscript und die Revision der Druckbogen anvertrant habe. Der von Bentley vorgeschlagenen Emendationen sind mehr als 800. In den meisten dieser neuen Lesarten zeigt sich das Streben nach größerer Genauigkeit des Sprachgebrauchs, schärfer Logik und klarer Syntax. Aber selbst da werden wir, nach Jebb, nur zugestehen, daß die neue Lesart das giebt, was Milton hätte geben sollen, und haben fast immer die moralische Überzeugung, daß er es nicht gegeben habe. Nach der vom Neffen des Dichters verfaßten Biographie (1694) hat dieser in Orthographie und Interpunction des von einem Anderen niedergeschriebenen Gedichtes seinem Onkel zur Seite gestanden. Die erste Ausgabe war auffallend fehlerfrei, die zweite war von Miltons eigener Hand, d. h. nach seiner eigenen Bestimmung verbessert, vermehrt u. s. w. Bentley's Art, wie er sie sich durch freie Conjecturalkritik angeeignet hatte, war es aber, über alle solche Schwierigkeiten hinwegzugehen. — Von da gehe man, wenn man klassischer Philologe werden will, zu Bentley's Horaz, wo derselbe darauf ausging, den Dichter auf klare Syntax, strenge Logik und normalen Sprachgebrauch hin zu prüfen, und durchdringe sich mit der Erkenntniß, daß alle solche Verfahrungsweisen willkürlich sind, d. h. einen angeblich idealen Maßstab an Dinge legen, der von den Meistern der betr. Fächer niemals selbst befolgt worden ist, ganz wenige Schriftsteller, wie z. B. in einigen Punkten Isokrates, ausgenommen. Im

Allgemeinen gilt hier das Wort Turgenjeffs, der selbst ein Meister war: „Bei der Schriftstellerei thut jeder (hier urtheile ich nach mir selbst) nicht das, was er will, sondern das, was er kann, und zwar insoweit es ihm gelingt."

Philologie im großen Stil ist ein Zweig der Geschichtswissenschaft; klassische Philologie insbesondere ist die historische Construction des griechischen und römischen Alterthums in seiner Totalität, historisch, weil nur aus den Denkmälern mannigfachster Art die Kenntniß gewonnen werden kann, Construction, weil, wo keine Überlieferung vorliegt, man oft auf Vermuthung angewiesen ist. Für die Philologie in diesem Sinne sind nicht nur die handschriftlichen Studien, sondern auch die Inschriftenforschung, die vergleichende Sprachwissenschaft erforderlich. Die letztere beruht ursprünglich auf einem Schluß der Analogie von der bekannten gemeinsamen Quelle der romanischen Sprachen auf eine zu vermuthende gemeinsame Quelle der jetzt sog. indoeuropäischen Sprachen; also auch hier hat das sicher gekannte Neuere den Weg zu der Erkenntnis des Älteren gewiesen. Man kann nur an einem neueren Stoff die wahrhafte Methode lernen, weil nur bei ihm die Verification, die thatsächliche Probe, der allgemeinen Grundsätze erbracht werden kann. Ehe nach dieser Methode das Alte durchforscht ist, gilt von der Forschung das, was Voltaire und Andere von der alten Geschichte gesagt haben, sie sei im Detail eher Roman als thatsächliche Wahrheit.

Was von dieser klassischen Philologie für Gymnasien verwendet werden soll und in welcher Weise, ist in dem Abschnitt über Gymnasien S. 85-8 ausführlich aufgestellt. Natürlich muß der künftige humanistische Pädagoge nicht blos alles das von den Schriftstellern treiben, was auf dem Gymnasium vorkommt, sondern er muß die betr. Schriftsteller ganz lesen, den ganzen Homer, Sophocles, die Fragmente der Lyriker, den ganzen Xenophon, Thucydides, alle Staatsreden des Demosthenes, von Dialogen Platons Phädrus, Symposion, Phädon, Politie, den ganzen Polybius kennen; bei den Römern mindestens Cäsar, Livius, Sallust, Cicero, Vergil, Ovid, ein oder das andere Stück von Plautus und Terenz, die wirklich erhaltenen Theile von Gajus und die Institutionen. Er muß die Grammatik kennen, wie sie unter Einwirkung der vergleichenden Grammatik sich gestaltet hat, aber er braucht vergleichende Grammatik nicht selbst zu treiben. Ebenso muß er in alles eingeführt werden, was zum Verständniß obiger Schriftsteller als ganzer erfordert wird von Geschichte und von Alterthümern, wozu auch Kunst gehört. Er muß einen Überblick über die anderweitige Literaturgeschichte erhalten. Beispiele des philologischen Betriebes im engeren Sinne (niedere und höhere Kritik) oder im weiteren (Culturgeschichte des Alterthums überhaupt) können in 2 oder 3 Vorlesungen ihm vorgeführt werden (eine römische Schrift, eine griechische, ein reales Fach oder der Theil eines solchen). Im Übrigen ist seine Schulung durchaus humanistisch-pädagogisch zu halten, er soll, wie Milton es gegen Salmasius ausgedrückt hat, nicht Spicilegien, Lexica, Glossarien bis in sein hohes Alter treiben, sondern gute Autoren mit Urtheil und Frucht lesen. Daß ihm nicht widerfahre, was Ranke von der steten Beschäftigung mit den Alten sagt, sie erhalte zwar bei guter Gesinnung, beschränke aber doch den Blick und mache etwas geneigt zum Sophisma, davor wird ihn die mathematisch-naturwissenschaftliche und technische sowie sociale Bildung bewahren, die er nach unserem Entwurf des Schulwesens selbst als Schüler wird genossen haben, und helfen wird ihm dazu bei dem Betrieb der Alten ein Buch wie Bain's English Composition and Rhetoric, 2. Auflage, das ja vielleicht einmal eine deutsche analoge Bearbeitung hervorrufen wird, die gleich Bain auf Grund moderner logischer und psychologischer Erkenntniß die intellectuellen sowohl wie die gefühlsmäßigen (emotional) Schönheiten in Sprache und Stil darlegen wird in einer Weise, die weit alle ähnlichen Bemerkungen der Alten hinter sich läßt.

Ähnliches wie von der alten Philologie gilt von der modernen, der deutschen, französischen, englischen u. s. w. Zu ihren älteren Denkmalen muß man durchaus aufsteigen von der Kenntniß der neueren Zeiten aus, bei denen man eben wegen der größeren Fülle der Quellen lernen kann, wann und wieweit mit Sicherheit sich etwas ausmachen läßt, und wie mannichfach die Wirklichkeit ist. Außerdem ist hier gleichfalls sehr der Unterschied zu machen zwischen dem blos gelehrten Betrieb, dem alles interessant ist, es mag sonst, abgesehen von seiner Bedeutung in diesem bestimmten Zusammenhang, so werthlos sein, wie es wolle, und dem humanistisch-pädagogischen, der sich durchaus nach dem zu bestimmen hat, was oben über die Erlernung neuerer Sprachen auf den vorbereitenden höheren Schulen ist gesagt worden. In ähnlichem Sinne hat der Neuphilologentag (Berlin 1892) seine Ansichten formulirt: auf Universitäten neben wissenschaftlichen Seminarien praktische, auch zur Einführung in politische und culturgeschichtliche Entwicklung; Vorlesungen und Übungen über die literarische und sprachliche Entwicklung der letzten Jahrhunderte und auch über Schulschriftsteller; auch Vorlesungen mit allgemeinem Überblick.

Von der Pädagogik, um das hier einzuschalten, ist auf Universität nur wünschenswerth die wissenschaftliche Grundlegung, also allgemeine Geschichte der pädagogischen Theorien und pädagogische Psychologie, d. h. aus den physiologischen und psychologischen Elementargesetzen gezogene Folgerungen für intellectuelle und sittliche Ausbildung. Die Einführung in die specielle Didaktik kann nur an der Schule selbst geschehen; mit bloßem Worte lehren über das Lehren ist ohne Werth (Schleiermacher); um Methode zu lernen, muß an die Technik sich sofort die Praxis anschließen an wirklichen, nicht blos ad hoc herbeigeholten Schülern.

Für das Deutsche ist an unseren Universitäten durchaus erforderlich etwas dem Entsprechendes, was an Oxford und Cambridge lange als das Beste gerühmt wurde, das man dort lernen könne, nämlich einen guten englischen essay schreiben. Der alte Gellert hielt so ein Colleg; es müßte auch jetzt in der Hand eines nicht blos als Gelehrter, sondern auch als Schriftsteller bewährten Mannes liegen, wobei mit Gelehrter gemeint ist Beobachter und Forscher, mit Schriftsteller Kunst der Darstellung, originelle Gedanken, hinreissende Kraft der Sprache. Es kommt ab und an beides vereint vor.

Geschichte als die Wissenschaft von der Entwickelung der Menschen in ihren Bethätigungen als sociale Wesen ist längst ein Fachstudium geworden. Der Besuch der Vorlesungen über Geschichte zum bloßen Zweck der allgemeinen Bildung hat so gut wie aufgehört, selbst Treitschke rechnet bei interessirten Studirenden höchstens auf das Hören eines zweistündigen Publikums über neuere Geschichte. Als Fachstudium erfordert die neuere Geschichte (nach Ottokar Lorenz) umfassende Sprachkenntnisse (Französisch, Englisch, Italienisch, Spanisch); sie kann ohne das ausgebreitetste Studium der Literatur und Philosophie der großen Culturvölker überhaupt nicht verstanden werden. Ferner kann alles geschichtliche Verständniß, besonders aber das der neueren und neuesten Zeit, ohne eine gewisse juristische Grundlage (die rechtlichen Vorbedingungen des ganzen Staatslebens) nicht gedeihen. Das moderne politische Leben nämlich beruht auf den drei großen Grundlagen der Volkswirthschaft, des Staatsrechts und des Völkerrechts!; selbst Kirchenrecht muß nicht ausgelassen werden. Es leuchtet ein, daß die Summe der zur Geschichtswissenschaft erforderlichen Kenntnisse — moderne Sprachen, moderne Literatur mit Philosophie, Volkswirthschaft, Staats= und Völkerrecht mit etwas Kirchenrecht — an sich schon eine besondere Begabung erfordert, obwohl es erst Grundlage und Einleitung des eigentlichen Studiums der Geschichte ist, von der Planche mit Recht geurtheilt hat, daß sie das gemeinsame Loos aller Wissenschaften getheilt habe; wie in Astronomie, Physik, Chemie, so habe auch in Geschichte der menschliche Geist sich in ohnmächtigen Bestrebungen, in tollen Träumereien verzehrt, ehe er an die direkte Erforschung der Wahrheit ging. Dies gilt nicht blos von sehr entfernten Zeiten, Ranke urtheilt von seiner französischen Geschichte, daß sie in dem Conflict der urkundlichen Nachrichten mit den angenommenen Meinungen entstanden sei. Der Schwerpunkt der Geschichtswissenschaft ist daher längst in die Urkundenforschung im weiteren Sinne verlegt, wobei die Selbstdarstellungen der handelnden Personen sehr zurückgetreten sind. In Friedrichs II. eigenem historischen Werk ist nach Ranke der Kampf mit Österreich doch nicht mit der Evidenz geschildert, die sich aus den Aktenstücken ergab. Diese Urkundenforschung muß an Zeiten gelernt werden, wo man wegen Fülle des Materials sichere Ergebnisse, nicht blos Eindrücke, es könnte so oder so gewesen sein, oder so und so füge sich alles gut zusammen, gewinnen kann. Daß das bloße Gedächtniß auch in Geschichte unterrichtete und zuverlässige Menschen täuscht, lehrt z. B. Burnet, von dem Macaulay an einer Stelle sagt: „Seine Erzählung enthält hier mehr Fehler als Zeilen; er verließ sich offenbar auf sein Gedächtniß und ward vollständig durch dasselbe getäuscht. „An dem Grafen Hertzberg läßt sich constatiren, wie derselbe Mann verschiedene Aussagen über dasselbe thun kann. Er nennt in seinem Lebensabriß (nach Niederlegung seines Amtes) den Fürstenbund seine Idee. Früher hatte er öffentlich wiederholt erklärt, Friedrich II. sei der Urheber und Vollender dieses Gedankens gewesen; einige Jahre darauf hatte er den ersten Entwurf dem Nachfolger Friedrichs zugeschrieben. Nach der kurzen Darstellung in seinem récueil und seinen Mittheilungen an Dohm ist die Wahrheit, daß der Fürstenbund durch das Zusammenwirken der gegebenen Momente entstand (Köpke). Ein lehrreiches Beispiel historischer Quellenkritik können Talleyrand's so lang erwartete Memoiren sein. Nach einem Bericht in der Historischen Zeitschrift hat unzweifelhaft ein Originalmanuscript Talleyrands von denselben existirt. Da es aber unmöglich ist, dasselbe gegenwärtig mit Baucourt's Abschrift zu vergleichen, so kann man die Echtheit der vorliegenden Memoiren weder beweisen noch widerlegen, und ebensowenig kann man sich verbürgen, daß nicht Baucourt doch hin und wieder Streichungen vorgenommen hat. Was |die innere Glaubwürdigkeit — die völlige Echtheit vorausgesetzt — betrifft, so fehlt es nicht an den harmlosen Irrthümern (des bloßen Gedächtnisses), daneben gehen aus der Tendenz des Verfassers nothwendig falsche Auffassungen und Darstellungen hervor, und den wirklichen Menschen erkennt man auch bei Talleyrand nicht aus seinen eigenen, sondern aus fremden Schilderungen (Frau von Rémusat); nur sein Grundzug erhellt aus seinen Memoiren: willige Hingabe an den Mann oder die Partei, deren Sieg sein außerordentlicher Scharfsinn vorhersieht. Sehr wichtig ist es, authentisch zu constatiren, daß ideal=logische Kritik historischen Documenten gegenüber ganz irreleiten kann. Klassisch sagt darüber Macaulay: „Einige der wichtigsten und nützlichsten politischen Urkunden der Welt gehören zu den am wenigsten logischen Schriften, welche jemals verfaßt wurden; — sie sind nicht als Worte, sondern als Thaten zu betrachten. Wenn sie das bewirken, was sie bewirken sollen, so sind sie vernünftig, wenn sie auch sich unter einander widersprechen; wenn sie ihr Ziel verfehlen, so sind sie ungereimt, obgleich sie beweisend sind. — In der Convention von 1688 kümmerten sie sich wenig darum, ob der Vordersatz zum Schlußsatz paßte, wenn der Vordersatz 200 Stimmen sicherte und der Schluß 200 mehr." — Erst wenn man Quellenkritik an neuerer Geschichte gelernt hat, ist man davor gesichert, an früheren Zeiten nicht einen blos selbsterdachten Maßstab ideallogischer oder idealpsychologischer Art anzulegen; man wird dann freilich dem Mittelalter und noch mehr dem Alterthum gegenüber viel vorsichtiger werden und sehr oft sich begnügen mit bedingter Wahrscheinlichkeit, oder sich bescheiden Sicheres auszumachen. Für das Mittelalter wäre außerdem Ranke's Wort in Erinnerung zu bringen, daß für die Weltgeschichte nach der lateinischen Sprache Arabisch die wichtigste sei. Von der alten Geschichte kann immer nur das Allgemeine als sicher gelten, soweit es von den verhältnißmäßig besten Gewährsmännern überliefert ist. Wirkliche Geschichte mit zuverlässigem Detail kann nur die neuere geben, aber auch erst muß sie 50 Jahre etwa von der Gegenwart abliegen.

Was die künftigen Geschichtslehrer an Gymnasien betrifft, so ist deren Bildungsgang analog zu entwerfen, wie bei den humanistischen und modernsprachlichen Pädagogen; etwa 3 Semester historisches Fachstudium, dann 3—4 Semester Geschichte und Geographie mit besonderer Rücksicht auf die vorbereitenden höheren Schulen. Für den Geschichtsunterricht der Gymnasiallehrer wäre eine Bearbeitung der wichtigsten europäischen Länder höchst verdienstlich nach dem Muster, das B. Zeller gegeben hat für Frankreich in der L'histoire de France racontée par les contemporains. Extraits des chroniques et des mémoires (bis 1610). Paris 1881—90.

Soweit sich Geschichte als blos allgemein bildende Vorlesung nicht mehr aufrecht erhalten läßt, wäre ein würdiger Ersatz, wenn z. B. der moderne Historiker wöchentlich einmal öffentlich vortrüge über die neuesten Tagesereignisse im Zusammenhang mit den allgemeinen Verhältnissen des betreffenden Landes. Er müßte sich dabei seines speciellen politischen Standpunktes entschlagen und um so mehr hinweisen auf die Fäden, mit denen die besonderen Begebenheiten mit gleichzeitigen allgemeinen Zuständen und dadurch auch rückwärts mit der Vergangenheit zusammenhängen. Die Allgemeine Zeitung brachte (früher mindestens), wenn etwa in Spanien ein neues Ministerium urplötzlich entstand, einen Artikel von sachkundiger Hand, worin Gründe und Zusammenhänge des in Mitteleuropa überraschenden Ereigniß dargelegt wurden. Dadurch würde die Jugend gewöhnt, auch Tagesereignisse in wissenschaftlich-gründlicher und ebendadurch höherer Weise aufzufassen.

Ein ähnlicher wöchentlicher orientirender Vortrag socialwissenschaftlichen Inhalts sollte gleichfalls an keiner Universität fehlen, worin auf die praktischen Hauptrichtungen solcher Bestrebungen hingewiesen würde, etwa daß kürzere Arbeitszeit in England (9 Stunden) im Allgemeinen mehr leiste als die früheren 12 Stunden, daß Hauptaufgabe der Technik sei, die Arbeitsproducte billiger zu machen, damit eine gute Lebenshaltung auch der Ärmeren möglich sei, daß größerer Lohn der Arbeiter für Massenartikel ein größeres Absatzgebiet sichere, daß Cooperation als Selbstbetrieb der Arbeiter in Nordamerika im Allgemeinen nicht bei diesen selber beliebt sei, daß in Australien der Achtstunden-Arbeitstag bestehe bei hohem Lohn, reicher Bildungsgelegenheit, Staatseisenbahnen zum Zweck billiger Fahrpreise, Gesetzgebung gegen Anhäufung von Land in wenig Händen, daß neben so weitem Staatssocialismus aber Unternehmer und Arbeiter wie bei uns bestehen, nur fehlten eigentlich höhere Stände; freilich werde das alles nur aufrechterhalten durch gewaltsamen Ausschluß der sich zudrängenden oder herbeigeholten billigen chinesischen Arbeiter, die eine viel geringere Lebenshaltung hätten. Es könnten auch solche Fragen behandelt werden, ob wirklich der bäuerliche Eigenthümer, wie er noch in der Schweiz, Belgien, Norwegen, Schweden und anderen Ländern Europas besteht, fast Tag und Nacht während des Sommers arbeite, sorgsam und sparsam sei, aber doch selten reich werde oder mehr als den bloßen Lebensunterhalt dem Boden abgewinne; ob, wenn Landbau mehr eine Wissenschaft werde und größere Geschicklichkeit und größeres Kapital erfordere, die englische Art von Landbesitz sich empfehle, wo der Eigenthümer Land und Kapital giebt, der Pächter Kapital und Arbeit, der Arbeiter blos Arbeit; ob bei dieser Combination der Pächter durch langen Pachtvertrag und event. Entschädigung für nicht ausgenutzte Aufwendungen sicher gestellt, die Arbeiter, wenn besser unterrichtet und auf Maschinenbetrieb geübt, nicht so gestellt werden könnten, wie gut situirte Fabrikarbeiter in einigen Theilen der Welt es schon sind, mit guten Löhnen und einer Unabhängigkeit ähnlich wie die der früheren Handwerker; ob nicht die sog. Fluth und Ebbe in Geschäften, wo innerhalb etwa 10 Jahren ein Steigen und Fallen statt hat, erst ein Vertrauen, Hoffen und Wagen über verständiges Maß zur Überproduction führt, und dann ein Rückschlag eintritt, oft traurigster Art, ob dem nicht vorgebeugt werden könnte durch höhere Bildung der handel= und gewerbetreibenden Klassen und durch bessere socialwirthschaftliche Bildung der practisch=geistigen Berufsarten, so daß, was der Socialismus durch Rechtszwang herbeiführen möchte, durch gesellschaftliche freie Thätigkeit der Einzelnen und Einrichtungen der Art soweit erreicht werde, als dies überhaupt wünschenswerth sei bei Menschen, deren Natur weder gänzlichen Zwang noch gänzliche Freiheit vertrage.

Was die Professoren auf Universitäten betrifft, so werden noch mehr als bisher verschiedene Arten derselben hervortreten: 1) Forscher, die, indem sie die Wissenschaften fortbilden, auch ihre Schüler anleiten dasselbe zu thun; 2) Lehrer der Wissenschaften, die ihr Fach im Ganzen vortragen und den Studenten ein Bild davon geben; 3) diejenigen, welche besonders den künftigen praktisch=geistigen Beruf im Auge haben, die theoretischen Grundlagen desselben geben und darauf hinweisen, was von dem Getriebenen für die Praxis als besonders werthvoll auszusondern ist (f. S. 101; 105). Die 2. Art muß dem Studirenden die Einführung geben auf der Universität, der 1. muß er mindestens 2 Semester widmen, damit er weiß, wie Wissenschaft zu Stande gebracht wird; will er sich nicht zum wissenschaftlichen Forscher ausschließlich ausbilden, so geht er dann zur 3. über. Am meisten wird der Unterschied der Professoren, der oft einer der Personen, aber auch oft blos einer der Richtungen in der Art der Vorlesungen oder Übungen zu sein braucht, sichtbar sein bei den künftigen Lehrern für höhere Schulen, aber Analoges wird sich bei allen Wissenschaften einstellen und ist schon thatsächlich vielfach da. Was die Heranbildung von Forschern betrifft, so liegt hier die Gefahr nahe, welche Voltaire in den Worten bezeichnet l'ambition d'avoir des disciples, la plus forte peut-être de toutes les ambitions. Wegen dieser Gefahr kommt

es beim akademischen Lehrer nicht nur auf die Kraft und Reife seines
Intellects an, sondern auch auf die Art seines Charakters: stellt er sich
hin, als ob mit ihm die Wahrheit erst gekommen sei, und behandelt er
abweichende Ansichten und Richtungen als ganz unterwerthig, so wird
er, wenn nur sonst etwas Wahres in seiner Richtung ist, auf die
Jugend stets Eindruck machen; denn allerdings liebt die Jugend die
Polemik und ist immer etwas für die Tonart empfänglich: das ist die
Wahrheit, und wer anders denkt, den verachte oder knock him down,
schlag ihn nieder (Sam. Johnson). Oft machen solche Männer durch
sich und die so gewonnenen Schüler während ihres Lebens großen
Lärm, und mit ihrem Tode wird es auf einmal ganz still von ihnen,
es waren mehr die Grimassen, die sie hoben, als die sachliche Wahrheit.
Man kann wohl behaupten, daß nicht die Persönlichkeit der Lehrer,
sondern ihre schriftstellerischen Werke die bleibende Wirkung thun, sofern
deren Verdienst ist, daß sie auf neue Bahnen weisen und sie selbständig
und mit Erfolg einschlagen. Wahr bleibt das Wort Ranke's: jeder
Lehrer weiß, daß das Beste, was er leistet, doch nur in einem indirecten
Einfluß besteht, bei dem ein glückliches Naturell (der Lernenden) und
eine eigenthümliche wissenschaftliche Richtung den freiesten Spielraum
behalten. Oft sind es überhaupt nicht Personen, sondern deren Werke,
welche die Anregung geben, wie derselbe Ranke von sich gesagt hat:
„die drei Geister, denen ich die Grundelemente verdanke, aus denen sich
meine späteren historischen Studien aufgebaut haben, sind Thucydides,
Niebuhr, die Werke Luthers. Sollte ich noch einen 4. nennen, so
wäre es Fichte, mit dessen Schriften ich mich ebenfalls viel beschäftigt
habe" (gemeint sind die mehr populären Schriften Fichte's). — Die
Art des Lehrens wird natürlich verschieden sein je nach der Richtung
desselben. Bei uns herrscht noch vor der nachgeschriebene Vortrag des
Lehrers, über den oft gesagt ist, er vergesse, daß die Buchdruckerkunst
seit 400 Jahren erfunden sei, an dem aber die Studenten sehr hängen;
sie glauben wirklich damit etwas gethan zu haben, daß sie wörtlich
(da, wo dictando vorgetragen wird) oder die Hauptgedanken (da, wo
mit wiederholter Hervorhebung des Wichtigsten vorgetragen wird) nach-
geschrieben haben. „Bei dem und dem Professor kriegt man ein gutes
Heft", sagen sie. Manchmal wird dies wirklich später studiert und
selbst in der Praxis (Pandektenhefte) konsultirt, manchmal zieht man
zum Examen ein Buch vor, das angeblich die, welche es studirt hatten,
glücklich durchbrachte. Wo, wie es zum Theil bei schwierigen Materien
geschieht, ein Dictat am Ende der Stunde gegeben wird, steht gewiß

nichts im Wege, diese dem Studenten gedruckt in die Hände zu geben und die mündliche Erläuterung hinzuzufügen, wodurch ein 4 stündiges Colleg leicht in ein 3 stündiges kann verwandelt werden. Es ist auch nicht abzusehen, warum bei den allgemein grundlegenden Vorlesungen nicht ein gutes Buch (eigenes oder fremdes) sollte benutzt werden und mündlich verdeutlicht und erläutert, wodurch auch Zeit gewonnen würde, namentlich wenn der Studirende vorher für sich durchgeht, was vorkommen wird, und nachher es nochmals, bereichert und vertieft durch den mündlichen Vortrag, durchliest und überdenkt; es scheint aber diese Art den jungen Männern noch ungewohnt vorzukommen. Da sie nur ein Heft wollen, so haben sie dies ja im Buch; wozu also noch in den Vortrag gehen? Daß sie sich auf jene Weise den Inhalt sehr gründlich aneignen würden, scheint übersehen zu werden. Die eigentlichen Forscher=vorlesungen müssen ohne Buchgrundlage gehalten werden, da ja gerade ganz Neues oder in ganz neuer Weise soll vorgeführt werden, aber diese Vorträge werden sich auch mehr kleineren, abgegrenzten Gebieten zuwenden; denn in der Beschränkung zeigt sich gerade hier der Meister, sofern an lauter unzweifelhaften und unzweifelhaft zu beweisenden oder zu begründenden Beispielen operirt wird, und die Anregung und Anleitung zu eigener späterer Weiterführung eine Hauptabsicht ist. Schon jetzt werden solche Vorlesungen angekündigt mit dem Zusatz: „Für Fortgeschrittene."

Es ist wiederholt von Examina nach Vollendung eines Cursus oder eines in sich zusammenhängenden Abschnitts des Studiums die Rede gewesen. In der That müßte sich der Studirende die Scheu vor derartigen Examina abgewöhnen. Seeley macht die treffende Bemerkung, daß ein Student, der lange Zeit studire, ohne je eine strenge Prüfung durchzumachen, seinen Geist mit vagen und unvollkommenen Vorstellungen fülle, und wenn er zugleich die Gabe bereiten Ausdrucks besitze, in Gefahr sei ein Erzbetrüger (frank impostor) zu werden. Examina sind Proben auf die Sicherheit und den Zusammenhang unseres Wissens. Studenten können unter einander diese Probe nicht abnehmen, sie würden wie vag in Antworten, so auch vag in Fragen sein und sich erst recht in gegenseitigen Selbstbetrug stürzen. Dagegen wäre empfehlenswerth, daß sie vor dem Bestehen einer Prüfung Probe=prüfung veranstalten unter Leitung eines älteren Mannes, der weiß, wie es bei Prüfungen zugeht, so wie es an Militäranstalten und den Vorbereitungsanstalten für Militär üblich ist; dadurch verliert sich bis auf einen gewissen Grad die Ungewohntheit des Examens. Außerdem müßten alle Prüfungen öffentlich sein, d. h. öffentlich für Interessenten, Studirende und deren Angehörige. Es müßte ferner jedem freigestellt werden, mündliche oder schriftliche Prüfung zu wählen; in beiden Arten hätte er eine Anzahl Fragen in zusammenhängender Darstellung zu beantworten. Auf den gelegentlichen Fall nervöser Aphasie wäre Rücksicht zu nehmen, wo dem Candidaten die Sprache versagt, er aber die Antworten schriftlich sicher und gewandt geben kann. Gewiß hat Huxley, ein im Prüfen erfahrener Mann, Recht mit der Behauptung, daß die gewöhnliche Art der Prüfung nichts bezeuge als das Vermögen des Mannes unter starkem Anreiz zu arbeiten, sowie seine Fähigkeit, rasch und klar vorzubringen, was er zur Zeit im Geiste hat. Unter den besten Umständen bleibe das Examen nur ein unvollkommener Zeuge der Kenntnisse und ein noch unvollkommenerer Zeuge der Befähigung, so lange es fast nichts über eines Mannes Vermögen zur Forschung aussage. Hier kann aber abgeholfen werden dadurch, daß es jedem freisteht, schriftliche Ausarbeitungen dem Antrag auf Examen beizulegen und zwar von welcher Art er will, auch solche, die nicht mit den Fächern des Examens zusammenhängen; nur muß er bereit sein, sich ev. einer Besprechung über diese Arbeiten zu unterziehen. Huxley rügt in England, als den „Greuel der Verwüstung" der Erziehung des Tages, daß die jungen Leute stets den Anreiz haben, unter Hochdruck zu arbeiten in Folge unaufhörlicher Wettbewerbprüfung. Diese Wettbewerbprüfung fiele bei uns ganz aus in der Jugend, und das Examen müßte gehandhabt und aufgefaßt werden wie eine Probe vor sich selbst über erreichte Kenntnisse und wissenschaftliche Art, namentlich die Prüfungen während der Studienzeit. Seltsam ist das Verhalten vieler Examinatoren gegenüber dem Auswendiglernen, es wird gewöhnlich gering taxirt, die jungen Männer sollen nicht gelernt haben, sondern selbständig urtheilen u. dgl. m. Aber das können sie doch nur auf Grund des Gelernten. Erst müssen sie sich eine Wissenschaft, wie sie ist oder ihnen vorgetragen wurde, angeeignet haben, und wenn sie das nicht vag und ungenau, blos anempfindend (ein sehr häufiger Fall) gethan haben, so werden sie das eben wörtlich oder annähernd wörtlich gethan haben; nachher erst wird zu erwarten sein, daß auf Grund des Angeeigneten eine analoge Selbstthätigkeit und allmählich eine volle, auch in Abweisungen sich zeigende Selbständigkeit sich einstellt. Das tantum scimus quantum memoria tenemus, ist durchaus wahr und die Grundlage des Urtheils. Verderblich ist nur, wo, wie an katholischen Universitäten, soviel Collegia gehört und soviel auswendig gelernt wird, daß zur Entstehung eigenen Urtheils nicht Zeit, nicht Kraft bleibt. Hat der Candidat erst aus seinem Gelernten vor= getragen und ist so geistig in Fluß gekommen, so kann in derselben Prüfung auch eine Probe genommen werden, wie weit das eigene Urtheil in Analogie mit dem Gelernten oder selbst schon mit größerer Selbständigkeit entwickelt ist. Außerdem müßte durchaus, was einer auf Grund eines anerkannten Buches oder angestellten Lehrers vorbringt, wenn auch der Examinator es für Irrthum hält, als gültig im Examen zugelassen werden; sonst entsteht die Vorbereitung nicht auf die Sache, sondern auf den Mann und auf das, was der gerne höre.

Fichte hat geklagt, daß zu der großen Kunst des Lebens und Wirkens in der Regel die hohe Schule keine Anleitung gebe. Diese große Kunst kann den Studirenden in verschiedener Weise vorgetragen werden. Große Männer der Vergangenheit könnten vorgeführt werden in dem Sinne, in welchem Riehl sagt: „Der Mensch muß immer irgend einer hohen, gleichsam übermenschlichen Erscheinung der Vergangenheit in entsagender Pietät huldigen", aber es ist schwer, geeignete zu finden; denn die Jugend neigt dazu, Fehlerhaftes, das mit jedem menschlichen Leben verbunden ist, gewissermaßen herauszunehmen als Beschönigung eigener versuchender Neigungen, und zu wähnen, das Große jener Männer werde sich auch in ihr schon zu seiner Zeit herausstellen, wenn sie nur einstweilen ihre Fehler hätte. Am füglichsten könnte eine eigene ein= stündige Vorlesung zu jenem Behuf gehalten werden von einem durch moral=psychologische und historische Bildung geeigneten Professor. Grundgedanken sollten etwa sein: Aus der studirenden Jugend, auch der polytechnischen, sollen einmal die leitenden Klassen der Gesellschaft hervorgehen; heutzutage kann sie das nur werden, wenn sie ein Vorbild der Arbeit und ernster Lebensbehandlung von frühe an ist. Welche jungen Leute einmal mehr Wissen und Geschick haben werden zusammen mit einfacher Lebensführung, die werden als Männer siegen. Jugend neigt in Folge der physiologisch = psychologischen Constitution nach Schleiermacher zu zwei Krankheiten, Wollust und Zerstreutheit; dort dominirt die organische Seite, hier ist ein Übermaß des umherschweifenden Versuchens. Rochefoucauld hat das so ausgedrückt: Jugend sei eine beständige Trunkenheit, sei das Fieber der Vernunft, oder nach der Variante, das Fieber der Gesundheit, die Tollheit der Vernunft. Gemeint ist in beiden Aussprüchen, daß das vegetativ=animalische Leben, weil in der Entwickelung begriffen, stets zum Tumultuarischen neige, ebenso die höhere Geisteskraft. Besonders liegt die Versuchung nahe, wie Alcibiades oder Bolingbroke, ein Mann der Vergnügungen und zugleich ein Mann der Geschäfte sein zu wollen, wie denn der Jugend nichts mehr imponirt, als die Nacht durchzechen zu können und am Morgen etwa, als wäre nichts geschehen, auf dem Katheder eine schwierige Materie aufhellen, oder wie wir als Heidelberger Studenten einen gern gehörten Professor, obwohl mit Mißbilligung, doch mit einer gewissen achtungsvollen Scheu betrachteten, wenn er nach neufter Pariser Mode gekleidet, den Ort reinhaltend, am Sonnabend über Sonntag nach Frankfurt zu seiner Mätresse fuhr. Daß es der Jugend schwer fällt, keusch und mäßig zu leben, ist rundweg zuzugeben, aber es ist streng zu fordern aus den verschiedenen auf Menschen wirkenden Gesichtspunkten, dem religiösen, dem moralischen, dem patriotischen, dem sozialen, dem des eigenen Glücks für Gegenwart und Zukunft, und es ist darauf hinzuweisen, daß durch körperliche Arbeit ein Gegengewicht gegen gelegentliche heftige animalische Triebe geschaffen werden kann, und daß in den wissenschaftlichen Beschäftigungen, wenn sie erst wieder mit Gemüthlichkeit können getrieben werden, d. h. mit behaglicher Freude an den Sachen selbst, weil nichts Unmögliches verlangt wird, die jugendliche Phantasie Raum bekommt und doch durch die Wissenschaft der Männer, in welche sie eingeführt wird, auch gezügelt wird. Es liegt Wahrheit in dem Worte von E. M. Arndt: „Ich bemerke nach meiner Erfahrung ein für allemal, daß die Jugend in einer eigenen unschuldigen und phantastischen Idealität gegen Verderben und Lüderlichkeit schon eine Waffe hat", aber die Jugend muß eben auch Raum haben für ihre unschuldige phantastische Idealität. Positiv wären etwa folgende Gedanken in solchen Vorträgen zur Aufquellung zu bringen: Das Glück des menschlichen Lebens hängt ab von dem regelmäßigen Verfolgen eines löblichen Zweckes oder Gegenstandes, welcher alle unsere Kräfte wach hält und belebt (Blair). — Wir werden gewöhnlich unsere Pflicht gelehrt durch Furcht oder Scham; unglücklich ist, wen die Verhältnisse über beides erheben (Sam. Johnson). — Ohne einige Annehmlichkeit kann das Leben des Menschen nicht lange bestehen; der Mensch kann seine Vernunft nicht gebrauchen ohne die sinnlichen Vermögen, und diese bedürfen des leiblichen Organs (Thomas Aquinas). — Vergnügungen müssen von der Art sein, daß sie den Charakter heben und nicht sinken lassen, ihn schmücken, nicht entwürdigen (Chesterfield). — Der Leib will athmen und der Geist streben (Gracian). — Pitt's des Älteren Streben war, die edleren Eigenschaften der Nation regelmäßig für den öffentlichen Dienst zu gewinnen (Lecky), analog soll jeder Studirende sich selbst behandeln. — La plupart de nos vacations sont farcesques;

dies Wort Montaigue's ruft uns auf, öfter in dieser Hinsicht uns selbst zu prüfen. — In einem ganz fernliegenden literarischen oder künstlerischen Umgang schärfen sich unsere Organe oft am besten für das eigentliche Tagewerk; viele tüchtige Juristen waren leidenschaftliche Kunstfreunde, Schiller Philosoph und Historiker, Göthe trieb Naturstudien, Friedrich d. Gr. Belletristik und Flötenspiel (Riehl). — Nicht selten ist es bei jungen Männern, wie es nach Seeley bei Stein war, ihr Talent ist eher eine allgemeine Kräftigkeit der Natur als eine specielle Begabung und eher eine Neigung zu geben als zu nehmen. Ebendadurch sind sie geneigt, sich auf der Universität mehr eine eigene kleine Welt zu schaffen, meist in Bethätigung körperlichen Muthes und geistig Pläne machend für die Zukunft. Solchen ist eben der Freiherr von Stein vorzuführen als ein Vorbild, der in Göttingen wirklich auf den praktischen Juristen studirte und daneben seine Freizeit den Studien des Staatsmanns (Geschichte und Nationalökonomie) widmete; — als er dann später in die Lage kam, eine praktische Vertrautheit mit Manufactur, Handel und Finanzen hinzuzufügen, waren die Bedingungen seiner großen Wirksamkeit für Preußen und Deutschland gegeben. — Gelehrsamkeit erscheint noch immer leicht als Buchgelehrtheit, als eine Buchstabenwelt und nicht die wirkliche; es ist das in der Naturwissenschaft durchaus nicht so, da hat man es zu thun mit der erreichbaren wirklichen Welt hinter der scheinbaren wirklichen, aber in den Geisteswissenschaften kann es oft das Aussehen haben, als wäre es so, weil da Theorie und Praxis (Dichter und Sprachgelehrter, Staatsmann, Feldherr und Historiker ꝛc.) auseinanderfallen. Wer daher von jungen Männern Mißtrauen gegen die Theorie hat, der muß die lebende Literatur oder Werke aus der Gegenwart in Geschichte und Statistik u. s. w. daneben vornehmen. —

Ganz offen muß man in solchen Vorträgen zu den Studirenden reden von den Grundgebrechen der Deutschen, dem Trinken („wir Deutsche saufen uns krank, wir saufen uns todt, wir saufen uns in die Hölle", Luther) und der Streit- und Händelsucht, die sich aber voll gewöhnlich erst an jenes anschließt (Contrahiren von Duellen nach der Kneipe). Man soll gar nicht verschweigen, daß das Trinkunwesen bei uns ganz der Grisettenwirthschaft französischer Studenten entspricht. Der Franzose kann (angeblich) ohne Frauen nicht leben, der Deutsche nicht ohne zu trinken. Der französische Student geht nicht nothwendig an jenem Verhältniß zu Grunde, der Deutsche nicht nothwendig am Trinken, viele thun es jedoch; da sie dann überhaupt von der Bildfläche der höheren Gesellschaft verschwinden, so wird der Sache nicht weiter geachtet.

Dem deutschen Studenten erscheint meist die französische Grisettenwirthschaft widerlich, er hat einen höheren Begriff von Liebe, die Erhaltung der Manneskraft giebt seinem körperlichen wie geistigen Leben einen höheren Schwung. Er reflectirt also ganz richtig, wo ihm seine Triebe keinen zu heftigen Widerstand leisten, aber beim Trinken sind seine Triebe so stark wie beim jungen Franzosen das Frauenbedürfniß, und da reflectirt er sofort nicht richtig, während die in dieser Hinsicht enthaltsameren Nationen uns darin ganz richtig beurtheilt und es das Nationallaster der Deutschen genannt haben. Daher führe man den jungen Leuten die richtige Reflexion schlankweg vor, z. B. nach Forel (die Trinksitten 1892): „Alle alkoholischen Getränke, auch Bier und Obstwein, sind Gifte, so gut wie Morphium, Opium, Haschisch, Coca u. s. w. Alkohol lähmt die Gefühle der Kälte, der Wärme, der Müdigkeit, des Schmerzes, so lange seine Wirkung andauert, versetzt er in einen angenehmen Dusel. Das subjective Kraftgefühl, das aus der Alkoholvergiftung entsteht, beruht auf einer subjectiven Täuschung. Der Alkohol kann auch als Sparmittel, d. h. als Mittel, das dem Organismus erlaubt mit einer geringeren Quantität Nahrung auszukommen, nur medicinische Verwendung finden, gerade wie Arsenik. — In München werden pro Jahr und Kopf der Einwohner (Frauen und Kinder mitbegriffen) 568 Liter Bier getrunken. Im deutschen Reich bienen $1/17$ des Ackerlandes der Alkoholproduktion; jedem Bewohner des deutschen Reiches könnte man 62 Pfund Brod jährlich aus dem Ertrag dieses Ackerlandes geben. Im deutschen Reich werden jährlich 1,717,405,000 M., d. h. 37,50 M. auf den Kopf der Bevölkerung, 10—12 Proc. des muthmaßlichen Nationaleinkommens, für Alkohol (Wein, Bier, Branntwein) ausgegeben." Ich habe von einem Professor der Hygiene gehört, der den Studirenden vorzeigte, wieviel Alkohol ein Mensch in 10 Seidel Bier zu sich nimmt, es war $1/2$ Seidel reinen Alkohols. Die Folgerungen aus alledem überlasse man den jungen Männern selbst, ob sie sich zu mäßigem Trinken entschließen, d. h. Bier und Wein nur als nervöse Belebungsmittel nehmen, wie ein Mann auf einem Spaziergang ein Glas Bier trinkt oder beim Nachtessen, oder ob sie wegen der steten Gefahr der Überschreitung den Versuch der völligen Enthaltung machen. Nach Forel befinden sich völlig Enthaltsame durchweg vortrefflich; sie leben länger und weisen weniger Krankheitstage auf als selbst mäßige Trinker. „Diesen völlig Enthaltsamen steigern sich vor allen die reinen Freuden, das Ideal der Liebe, alle höheren ethischen und ästhetischen Genüsse." Thee und Café mögen bei einer Nervenanregung Bedürftigen als Ersatz alkoholhaltiger Getränke bienen, sie sind in ihren billigen Sorten so arm an Theïn und Coffeïn, daß sie ganz und gar harmlos sind; nur der theure Thee und Café des Reichen sind toxisch (Forel). Darin hat Forel unbedingt Recht, daß statt Trink- und Duellvereinen sein sollten Turnvereine, Gesang- und Musikvereine, Kunstvereine, Belletristikvereine, wissenschaftliche, dramatische Vereine, nautische Vereine, Vereine zur Pflege der Socialwissenschaften, der Aufklärung des Volkes u. s. w. Lebensfrohe, thätige Menschen, die lieben, singen, turnen, reiten, kämpfen können, sollen die Studirenden nicht blos sein, sondern noch mehr als bisher werden. An Stelle der Duelle, die ja meist blos gesucht werden als Gelegenheiten zum Wettkampf, mögen wirkliche Wettkämpfe in der Kunst des Fechtens treten, ohne scharfe Waffen; die Sachverständigen sehen doch, wer der Bessere ist; kriegerischer Muth wird durch den allgemeinen Soldatendienst genügend gepflegt. Gelegenheit zu Pistolenduellen, d. h. zur Rächung von Beleidigungen, die schwer und tödtlich kränken, und für die es keine rechtliche Abhülfe geben kann oder zur Zeit nicht giebt, bietet eher das spätere Leben als das der Jugend; daher mag man sich immerhin auch im Pistolenschießen üben. Es ist endlich ein wahres Wort Forels, daß die moralische Entwicklung der Menschheit sich nothwendig deckt mit einer gesunden Hygiene: Abends früh zu Bette gehen, 8—10 Stunden schlafen, täglich sich körperliche Bewegung machen, sich gut und kräftig nähren, Wasser als das eigentliche Getränk behandeln, Alkohol nur auf Grund ärztlicher oder ritueller Vorschrift genießen, sowie bei Gefahr für Gesundheit und Leben. Freilich ist eine völlige Enthaltung oder ein ganz mäßiger Genuß von Alkohol an sich noch nicht eine hohe intellektuelle und moralische Entwicklung, aber beides schafft den Anlagen dazu erst freien Spielraum, und der Entschluß, den beides erfordert, ist meist schon ein Beweis, daß verständige Einsicht und höheres sittliches Streben da sind.

Was das Verhältniß von Staat und Schule betrifft, so ist, Früheres zusammenfassend und abschließend, zu sagen: auf eine gleiche allgemeine Volksschulbildung hat der Staat zu achten, damit ein gleicher Ausgangspunkt für Verständniß und Behandlung der gegebenen Verhältnisse gesichert sei, aber nicht nöthig ist, daß die Volksschulen alle Staats- oder Gemeindeschulen seien; es können daneben auch Privatschulen bestehen, natürlich dann ohne Staats- und Gemeindeunterstützung, aber der Aufsicht von Staat und Gemeinde unterworfen, damit das allgemeine Ziel erreicht werde. Bei den höheren Schulen, einschließlich der Universitäten, können neben den von Staats- oder Gemeindewegen andere in privater Weise da sein, und hier ist die Controle nicht in derselben Weise zu handhaben wie bei der Volksschule, sondern den Versuchen nicht blos methodischer, sondern auch inhaltlicher Art alle Freiheit zu lassen, damit jedem Bedürfniß, welches sich unter dem steten Wandel der Verhältnisse regt, auch auf dem Schulgebiet seine Befriedigung sicher sei. Staat und Gemeinde mögen nur dafür sorgen, daß ihre Schulen immer die besten sind, d. h. ohne leibliche und geistige Überanstrengung, und doch beide Arten von Kräften tüchtig übend, in die Hauptseiten moderner Civilisation so einführen, daß die Schüler in Verständniß und Behandlung des Lebens vor denen von anderen Schulen hervorragen, so werden ganz von selber die Staats- und Gemeindeschulen die Muster auch für die Privatschulen werden. Ich weiß nicht, warum uns das muthige Vertrauen zur Macht des Wissenschaftlich-Geistigen noch so sehr fehlt; die Grundzüge der modernen Civilisation, wie sie S. 2-9 geschildert ist, sind eine große Macht; nur soweit sie sich mit ihnen durchbringen, sind auch kirchliche und sind socialistische Bestrebungen nachhaltig mächtig; man muß nur diese Grundzüge festhalten und weiterführen, so werden die ihnen von dorther etwa drohenden Gefahren am ehesten überwunden werden. Bis es zu diesem freieren Schulleben kommt, würde freilich für die Staaten, wo die Volksvertretung in Unterrichtssachen nur bei Geldbewilligungen mitzureden hat, wo die Regierung allein bestimmt, was und wie gelernt wird, und wo auf die Ernennung der Minister Volk und Volksvertretung keinen Einfluß haben, durchaus nöthig sein eine Einrichtung wie in Frankreich und Italien, wo doch die Volksvertretung auf den Bestand der Minister Einfluß hat. In Frankreich steht neben dem Unterrichtsminister der Oberunterrichtsrath (conseil supérieur de l'instruction publique), 58 Mitglieder, 18 davon vom Präsidenten der Republik ernannt, 40 gewählt von allen Lehrkörpern, auch den Elementarschulen. Die Körperschaft ist berathende Behörde, der Minister präsidirt in ihr, 15 ihrer Mitglieder sind eine permanente Section.

Die Examensbehörden für Staatsanstellungen oder anerkannte Stellungen im Staate (Mediciner, Theologen) oder anerkannte gelehrte Titel (Doctoren) bestimmt der Staat. Die Zeugnisse geben nur die allgemeine Qualification an; bei der Besetzung einer bestimmten Stelle wird nach S. 116 verfahren.

Der Einjährig-Freiwillige, die große Noth des preußischen Schulwesens, wird bei der zweijährigen, sei es auch nur thatsächlich zweijährigen Dienstzeit anders behandelt werden können: jeder wird zunächst auf zwei Jahre in Aussicht genommen als Soldat; macht er Anspruch auf einjährige Dienstableistung, so ist seine Befähigung dazu aus der ganzen Art seiner Dienstleistung zu erweisen neben Einreichung von Schul= oder Lehrerzeugnissen und eines event. Colloquiums zur Fest= stellung seiner wirklichen Bildung nach begonnenem Dienst. Über diese geistige Seite entscheidet eine Commission aus Offizieren und Schul= männern, welche aus den verschiedenen höheren Schulen dazu deputirt sind.

www.ingramcontent.com/pod-product-compliance
Lightning Source LLC
Chambersburg PA
CBHW031459160426
43195CB00010BB/1023